史料で読み解く
波多方板山河野氏傳承物語

大友能直と河野和泉守

中山吉弘

目次

はじめに

明治初期の豊後国田原別符波多方板山（現大分県杵築市大田波多方）住人、河野彌太郎一族に大切に語り継がれてきた「河野四郎左衛門」、「河野通孝」という歴史上の人物がいる。この二人が誰なのか、同家の先祖たちの重大な関心事であった。

ところで同家の仏間の片隅にその存在すら忘れられていた造り付けの開かずの抽斗があった。この度、七六年ぶりに現当主河野宣昭によってその抽斗が開けられた。

その抽斗に長らく日の目を見ることなく埋もれていた、先祖たちの研究の跡が偲ばれる貴重な資料を発見した。

その資料の大部分は彌太郎の子息たち（金蔵・米造・萬蔵・至・楽・末男）が書き残したメモ、書簡類と菩提寺である西白寺（朝來村弁分、佐々木自蹊住職）の『河野系図』である。中には明治期に作成されたものもあったが、大部分は昭和一八年頃のものであった。

ところで、なぜその時代のものが多いのであろうか、それを知る手掛かりを見つけた。

一九四四年（昭和一九年）に、彌太郎の嫡男米造によって、士族編入願書が大分県知事に提出されていた。そのための史料蒐集と調査・研究に、楽・末男の二人の弟たちも協力し、その際に作成された「メモ書」・書簡の類であることが分かった。

しかし、郷土資料の『西国東郡史』、『大田村誌』に引用されている重要な河野関係文書は発見できなかったので、多分これらの文書は郷土誌の編集後に散逸したものと推定される。

いずれにしても、同文書は『大友文書』の中に見るので、同文書に引用された河野関係文書の存在と信憑性について疑問の余地はない。

前記「メモ書」によって、同家の先祖は伊予国（愛媛）の豪族で、守護大名河野氏に辿り着く、名門の末裔であることが明らかになった。

伊予河野氏一族の中では、平家物語の源平合戦に登場する河野通清・通信親子、蒙古来襲の弘安の役で勇猛果敢に活躍した武将河野通有、踊り念仏の時宗開祖、一遍上人（俗名河野時氏）が特に有名な歴史上の人物で、いずれも平安末期、鎌倉期に活躍した人々である。

伊予国（愛媛）は四国の西、豊後国（大分）は九州の東に位置し、豊後水道を挟んで対置するので、両国の人々は、頻繁に帆船を使って往来したと想像される。天候にもよるが、臼杵から宇和島まで、三日かかっていたようだ。

このような地政学的関係から、伊予国の河野氏の支流が、海峡を渡り豊後国に渡来し土着したものと考えられる。それは、伊予国で河野氏を称する氏族が発生して間もない時期ではないかと想像されるが、この点に深く言及した研究資料はない。

そこで、前出の河野彌太郎一族に大切に語り継がれた、大友氏と河野氏とに纏《まつ》わる伝承物語が存在するので、それを深堀してみたいと思う。

このような動機から、現在の当主河野宣昭と姉の椎原純子らの協力を得て、明治期の当主彌太郎から米造→光信→宣昭へ伝わる伝承を、平家物語、吾妻鏡、明月記、大友史料等と時代背景を手掛かりに、豊後大友氏と河野氏との関係を研究し、豊後における、大友氏の発生から滅亡と、伊予河野氏の支流が豊後国に土着し発展した歴史の一面を明らかにしたい。

戦国大名の大友氏に関する史料・研究論文は、他の戦国大名に比して多く存在し、また諸顕学の研究も盛んであるとは言え、他方、豊後国に土着した河野氏に関する史料はほとんど存在せず、大友史料中に断片的に散見するに過ぎない。

しかし、豊後大友氏の草創期に、伊予河野氏の支流、通末、四郎左衛門が深く関わったことが認められるので、後世の諸顕学の研究に委ねたいと思う。

何分にも浅学菲才の身である故、不十分な誹りは免れない結果となったことは残念であるが、ある程度の成果はあったと自画自賛している。

二〇二二年　春　　　　　　　　著　者

河野彌太郎　嘉永 6 年 4 月 8 日大分県杵築市大田白木原生まれ
昭和 6 年 7 月 21 日逝去　79 才　直心院指導参玄居士
妻イト　文久 3 年 6 月 16 日大分県国東市朝来中村生まれ
明治 43 年 1 月 8 日逝去　48 才　寂光院温室恵良大姉（旧姓浅野）

波多方板山河野宅 江戸中期から定住していた

同宅の背後の山、右方向が波多方山

江戸中期からの菩提寺西白寺（国東市朝来弁分）の前景

中世木付城跡に建てられた杵築城
（江戸後期杵築城に改称、提供工藤敏子）

第一編　源平の争乱

一章　伊予国河野氏の活躍

わが国は、四方を海に囲まれているため、海上交通が発達し、大陸との交流も頻繁に行われていた。七世紀には遣隋使、八・九世紀には遣唐使を派遣していたので、造船術・航海術はその時代の最先端の水準に達していたと考えられる。

他方で、これらの交易船を襲う海賊もあちらこちらに跋扈《ばっこ》しており、海賊から交易船を守るため、武装した警固船団が津々浦々に存在していた。これ等の船団は、湊・浦・島と呼ばれるところを支配する豪族たちに率いられていた。三浦半島の三浦氏、伊勢の平氏、紀伊の熊野氏・浪速の摂津氏・伊予の河野氏・肥前の松浦氏・豊後の大神氏などが代表的な海洋豪族である。

これ等の豪族は、幕府などの権力者にも協力し、交易船を海賊から守る役目を果たしていた。伊予の河野通有は、徳治二年（一三〇七）幕府から海賊追補《ついほ》を命ぜられている。

ところで、伊勢平氏の流れをくむ平氏一族（棟梁・清盛）は、これらの海洋豪族を束ねる地位にあり、日宋貿易で巨大な富を得ていた。清盛は太政大臣となり平家政権を樹立し、朝廷に対しても権勢を振るい、平家にあらざれば、人に非ずと豪語するほど権力を肥大化させていた。

これに対して、源氏一族は、源義朝が平治の乱で敗れ、頼朝が伊豆蛭《ひる》ヶ島《しま》で配流となり、一族は東国に離散し氏族間の交流すら平氏に妨害されていた。

治承四年（一一八〇）八月、頼朝は、以仁王《もちひとおう》の令旨を受けて、平家打倒の旗を揚げ、北条時政・義時等の東国武士を集めて鎌倉に陣取った。

鎌倉にあって、平家勢との一戦を密かに目論んでいた頼朝の唯一の不安は、強力な平家水軍勢を撃破することであった。

平家勢は、紀伊半島から西の水軍勢をほとんど支配しており、筑前国博多、豊前国門司、周防長門国上関、阿波国屋島、伊予国河野郷に根拠地を持つ水軍はとくに強力であった。

それに比べて、頼朝の支配下にある主な水軍は、三浦半島から房総半島を根拠地とする三浦水軍のみである。

したがって、頼朝にとって最大の課題は、これ等の水軍の切り崩しである。

頼朝を勇気つけたのが、伊予国河野郷の河野通清の寝返りである。

通清は、河野水軍の頭領で、頼朝の父義朝が鎌倉に住んでいた時代から、源氏とも交流があったため、密かに源氏再興を願い、義朝と頼朝親子に大きな期待を寄せていた。

頼朝が伊豆の韮山で平家打倒の旗揚げをするや否や、いち早く平家打倒の行動を起こしたのは河野通清と通信の親子である。

二人は、伊予国松山の近くの高縄城《たかなわじょう》を攻略し、平家勢を討取ったが、その後、備後から駆け付けた平家の援軍の反撃を受け、通清は討ち死にし、倅通信は危うく難を逃れた。

治承五年二月十六日、伊予国より京都へ到来した飛脚は、次の通り注進した。

「去年の冬頃より、河野四郎通清をはじめとして、四国の者どもは、皆平家に背いて源氏に同心したが、備後の住人、額入道西寂《がくにゅうどうせいじゃく》は、平家に対する志《こころざし》は深かく、備後から伊予国へ押渡り、道前・道後の境の高縄城で、河野四郎通清を打ち払った。」

河野四郎通清を討った後、西寂は、平家に抵抗する四国の輩の狼藉《ろうぜき》を鎮《しず》め、正月一五日に、備後の鞆《とも》（福山市鞆）へ押渡って戻って来た。そして、遊郭に遊君遊女どもを召し集めて、酒盛し遊び戯れ、前後不覚となるほど酔い伏していた。

ところで、父通清の敵討ちの機会を狙っていた河野通信は、百余人の命知らずの兵どもを率いて鞆へ渡り遊郭を急襲した。西寂も三百余人の兵を備えていたが、不意を突かれて慌《あわ》てふた

めいた

立ち向かってくる者を射伏せ、切り伏せ、通信は西寂を生け捕りにして伊予国へ戻り、父通清が討たれた高縄城へ提《さ》げて行き、鋸で首を切ったとも、また、礫《つぶて》にしたとも伝えられている。

西寂の討ち死は、たちまち四国に広がり、豪族たちはこぞって源氏に加勢するようになり、後の屋島の合戦で義経軍は、阿波屋島水軍の協力を得て勝利することが出来た。

また、豊後国でも、大神一族が平家を裏切り源氏に寝返った。

二九日丙午、於鎮西有兵革《へいかく》（戦争）、是肥後国住人菊池九郎隆直、豊後国住人緒方三郎惟能等反平家之故《へいけに反するのゆえ》也、同意隆直輩《たかなおにどういのやから》、木原次郎盛実法師、南郷大宮司惟安、相具惟能者、大野六郎家基、高田次郎隆澄等也、此外長野太郎、山崎六郎、同次郎、野中次郎、合志太郎並太郎資奉《すけとも》己《い》下《げ》卒《ひきいて》六百余騎精兵、固関止《せきをかためとめる》海陸往還、仍《よって》平家方人《かたうど》原田大夫種直相催九州軍士二千騎、遂《とげ》合戦、隆直等郎従多以被疵《せられるきず》。（『吾妻鏡』治承五年二月二九日条）

また、宇佐大宮司公通（妻は清盛の二女）の注進について、京都の公家達が驚いた様が伝えられているので紹介する。

すなわち、九州の者ども緒方三郎をはじめとして、臼杵、戸次、松浦党に至るまで、一向は平家に背いて源氏に同心の由と申しければ、公卿たちは、東国や北国が背くことはあり得ることだが、豊後などの西国が背くとは、それはどうしたことかと、手を打ってあさみ（驚きあきれ）合へりとある。

緒方惟栄（惟能）は、豊後国大野郡緒方荘の荘司で、平重盛の家臣であった。

重盛は、清盛の嫡男で、豊後国東半島と関係の深い武将である。彼は国崎郷の三〇〇町の領主であった。小松内府（大臣）とも称し、没年は治承三年（一一七九）で、父清盛の死よりも二年前であった。大分県国東市国東見地には小松神社があり祭神は重盛である。

平安期以前、国東半島は宇佐宮と弥勒寺の寺社領で、朝廷と雖も、寺社領に介入することは許されなかった。しかし、武士の台頭により、寺社領の押領、武士に対する寄進が行われるようになり、武家が領主となるようになった。重盛の妹浄子は、宇佐宮大宮司の宇佐公通に嫁いだことから、公通が義兄重盛に国東郷を寄進したものと考えられる。

したがって、国東半島は、平家の重要な拠点であったわけだ。

まさか豊後国の平家勢が、源氏勢力に寝返るとは、思ってもいなかった京都の公家達の驚きは、想像を超えるものだったに違いない。

こうして、源氏方に寝返った緒方惟栄は、豊後国司藤原頼輔とも協力して、豊後の豪族達を源氏の味方につけて、屋島・壇之浦で奮戦し、源氏の勝利に大きく貢献した。

その後、惟栄は、宇佐神宮の焼け討ちの首謀者として配流になったが、源平戦の軍功で赦免となっている。また大友能直の豊後国下向の際に、頼朝の派遣した豊後征討軍（大将大友能直）を嚮導《きょうどう》したとも伝えられている。『大友能直公御一代記』

二章　屋島から壇ノ浦

元暦元年（一一八四）二月七日、義経軍は一の谷の平家軍を攻撃、急坂を下り背後から急襲した。驚いた平家軍は大混乱となり海上へと逃れた。勢いづいた義経軍は山陽道の平家軍の拠点を次々と攻略し、平家軍はたまらず讃岐の屋島に後退し集結していた。

二月一八日、義経軍は摂津・熊野・伊予（河野）の各水軍の支援を受け、暴風雨の中を阿波に上陸して、一九日朝、屋島の平家軍を南から急襲した。慌てた平家軍は海上に逃れ、二一日長門彦島に集結した。それを追って義経軍も瀬戸内海を西に進んだ。

二二日義経は、長門の大島之津で、先に豊後に渡海するため周防に逗留していた範頼軍から分かれた三浦義澄と再び合流したあと、二三日、義経の軍船は壇ノ浦奥津に達した。

他方、安徳天皇と平家の公達は、寿永二年（一一八三）木曽義仲によって京都を追われ、九州の大宰府に逃れていた。そこで頼朝は大宰府を攻撃するため、弟範頼を総大将とする軍を豊後国に派遣した。

元暦元年（一一八四）九月二日、平家追討のため京都を立って西下した源範頼軍は、長門に到着したけれど、季節は秋から冬に変わった厳寒の中、食難・兵船もなく進退窮していた。

その時、豊後水軍の頭領、緒方惟栄と兄の臼杵惟隆が、義経に軍船八〇艘を提供し、元暦二年（一一八五）一月二六日、豊後国浜脇湊に無事渡海することが出来た。

三浦義澄は、範頼から特命を与えられ、豊後上陸を目指す範頼軍と別れて長門に留まり、関門の潮の変化等の気象条件を調べていた。それは、範頼が最後の戦場が壇ノ浦だと読んでいたからである。

義澄は、相模国の三浦半島を根拠地として、北は奥羽、南は薩摩までの広域を活動圏とする水軍の頭領で、同水軍は、永保三年（一〇八三）の、後三年の役（一〇八三年）で、源義家に協力して奥羽の支配者清原一族を滅亡させた。したがって、三浦一族と源氏の関係は古く、頼朝・義経・範頼の三兄弟の義澄に対する信頼は非常に厚かった。

【豊後国渡海御家人名簿】（『吾妻鏡』）

「三河守範頼（頼朝の弟）、江間小四郎義時、足利義人義兼、小山兵衛尉朝政、長沼五郎宗政、結城七郎朝光、武田兵衛尉有義、斎院次官中原親能、千葉介常胤、境平次常秀、下河辺四郎政義、阿曽沼四郎広綱、三浦介義澄、三浦平六義村、八田四郎武者朝家、八田太郎朝臣、葛西三郎清重、渋谷次郎高重、比企藤四郎能員、和田太郎義盛、和田三郎宗実、和田四郎義胤、大多和次郎義成、安西三郎景益、安西太郎明景、大河戸三郎、中条藤次宗長、加藤次景広、工藤一葛祐経、宇佐美三郎祐茂、天野藤内遠景、一品房昌寛、土佐房昌俊、小野寺太郎道綱」以上三五騎。

この名簿を見ると、統率者は頼朝の弟範頼である。中原親能は大友能直の養親である。三浦一族の頭領である三浦介義澄・子息の三浦平六義村・比企藤四郎・和田太郎義盛・和田三郎宗実・和田四郎義胤、後に九州惣追捕使になった天野藤内遠景また千葉一族の頭領千葉介常胤の名が見えるが、伊予の河野通信の名は見えない。

これらの武将は、鎌倉幕府の成立期に、頼朝を支え重要な働きをした御家人達であるが、頼朝の死（一一九九年）後、幕府の内部の権力闘争に破れ、比企氏（比企の変一二〇三年）、和田氏（和田合戦一二一三年）三浦氏（宝治合戦一二四七年）はそれぞれ滅亡した。

豊後国浜脇湊に上陸した範頼軍三五騎は、陸路で大宰府に向かって進攻した。経路は不明であるが、最短距離の豊岡・山香・院内・日田・大宰府と推測される。

その頃、平宗盛を大将とする平家軍は、幼帝安徳天皇を擁して大宰府に逃避していたが、範頼軍の大宰府攻めで、いたたまれず屋島に舞い戻ったが、その途中で、安徳天皇は豊前国宇佐宮（大宮司宇佐公通の妻は平清盛の二女浄子）で必勝祈願をしたのち、豊前国柳ヶ浦から海路で屋島へ向かった。

屋島に集結する平家軍の士気は、木曽義仲を討取った勢で力を盛り返し、寿永三年（一一八四）正月、都を京都から兵庫の福原に移し、一の谷城の守りを固めて源氏との一戦に備えた。

平中納言教盛《のりもり》の弟能登守教経は、福原から讃岐《さぬき》の屋島に着いた。ところが、教経が伊予国の住人、河野通信に対して、平家の陣へ来るよう幾度となく伝えたが、返事がないばかりか、通信の母方の伯父の安芸国の住人沼田次郎と合流して源氏に寝返るため、伊予国から安芸国へ押渡ったと知らされた。

教経は、屋島を立って、通信を追いかけたが、その日は備後簑島《みのしま》に着き、次の日、沼田城（城主沼田次郎）へ攻撃を仕掛けた。

次郎と通信は一つになって、城郭を構へて待つところへ、教経はやがて押寄せて散々に攻めたところ、次郎は叶はじと思い、甲を脱ぎ弓の弦を外して降参した。

通信は猶も降参せず、その勢は五〇〇余騎であったが、五〇騎ばかりを討ちとられ、沼田城を落ちて行く途中、教経の侍で、平八兵衛為員《ためかず》という者に図られて、二〇〇騎ばかりに囲まれて一斉に矢を射掛けられ、たちまち兵を失い、主従七騎となり助け船に乗らんとして、細道を駆けて海の方へ落ち行くところを、究境の弓の上手な八兵衛の子息、讃岐七郎義範に追いつかれ、七騎のうち五騎が射落されて、残るは通信と郎党の主従二騎になった。

通信の郎党・高山通盛は、義範の馬に乗り移り、むずと組んでどっと落ち、義範が通盛を掴んで押さえて首を掻かんとするところに、通信は取って返し、通盛の上なる義範の首をかき切って深田に投げ入れ大声をあげて、「伊予の住人河野四郎越智通信、年二一才、わが郎党をかばうこととすれ、我と思わん人々は、寄って打ち留めよ」と名乗り捨てて、通盛を肩に引っかけ、そこをうまく逃げ延びて伊予国へ押渡った。能登守教経は、通信を討ち漏したけれども、捕らえた沼田次郎を召し具して、一の谷へ戻って行った。

この後、鵯越えの逆落で有名な一の谷の合戦があり、平家軍はよもやの敗戦をきし、再び屋島に遁走した。

屋島に本陣を置く平家軍は、摂津方面（北方）から海を渡って来襲する源氏軍の攻撃を予想し、屋島の北側の海上防御を固めていたため、屋島の背後の讃岐山地の防備はきわめて手薄であった。

ところが、名将義経はこれを見逃さなかった。義経は、紀伊半島西部から海路で淡路島の東側を迂回して讃岐東南部に上陸し屋島の平家本陣を背後から攻め立てた。

この平家軍の虚を突いた義経の作戦によって、平家軍は分断され大混乱となった。平知盛は安徳天皇を奉じて屋島から西へ西へと逃れ、長門の彦島に集結して源氏勢との合戦に備えた。

平教盛の攻撃を受け、辛うじて伊予に逃げ帰った河野通信は、体勢を立て直し、一五〇艘の軍船を率いて、後退する平家軍を追う義経軍に合流した。その結果、義経軍の兵船は八〇〇艘となり、平家勢よりも三〇〇艘ばかりも上回った。

元暦二年（一一八五）三月二四日午前六時頃から両軍の前哨戦の矢戦が始まり、八時頃に潮の流れが変わって東流の潮に乗り源氏軍を萬珠（満珠）・干珠島辺まで押し戻した。

しかし午後三時頃になって潮流が変わった。長門・周防国（山口）に留まって潮の流れの変化を調べた三浦水軍の頭領三浦義澄の報告で知っていた義経は、この潮目変りを待っていた。

ややあって義経の沙汰で、薪を山のように積んだ空舟に油を注ぎ火つけて平家の船団に向けて流した。黒煙を吐きながら燃え盛る空舟が一艘・二艘・三艘と潮に乗って東から西へ流れていく。黒煙の下で接近戦が幾度となく繰り広げられた海峡はまさに地獄絵図となった。間隙を縫って別動隊伊予河野水軍一五〇艘が東から燃え盛る敵船に襲い掛かった。炎は平家の軍船に次々と燃え移り沈没し、平家軍の劣勢は明らかになった。

午後六時頃、大将平知盛が安徳天皇の御座船に参り来て、二位の尼時子（清盛の妻・天皇の祖母）に敗北を告げた。すでに覚悟を決めていた建礼門徳子（安徳天皇の母）は剣を抱き、女官按察局《あぜちのつぼね》に抱かれた安徳天皇（八才）の手をしかりと握りしめ三人揃って船縁から海中に入水した。

【注記】それまでは騎馬戦で馬を弓矢で射ること、海戦で兵船の漕ぎ手・舵取りを射ることはご法度とされていた。つまりこの戦法は武士の禁じ手である。ところが源平戦で初めて義経はこの御法度を破る卑怯な戦法をとった。その後の合戦でこの禁じ手が通常戦法として広く用いられた。

こうして元暦二年（一一八五）三月二四日、壇之浦合戦で平家は敗北し滅亡した。この悲しい物語は軍記『平家物語』によって今も語り繋がれている。

「祇園精舎の鐘の声
諸行無常の響きあり
沙羅双樹の花の色
盛者必衰の理をあらわす
奢《おご》れるものは久しからず
ただ春の夜の夢の如し
猛《たけき》者も遂には滅びぬ
偏に風の前の塵《ちり》に同じ」

源氏の勝利と平家の敗北は、早馬によって直ちに、鎌倉の頼朝のもとへ伝えられた。それは、二〇日後の四月一四日のことである。

『吾妻鏡』によると、「今日波多野四郎経家《つねいえ》は鎮西九州より鎌倉へ帰参す。御前（頼朝）は経家を召して西海の合戦のことを聞く」とある。波多野四郎経家とは、大友能直の養親中原親能《ちかよし》の父である。

【年表1】

康治二年（一一四三）大友能直の養父中原親能生誕
保元元年（一一五六）保元の乱
平治元年（一一五九）平治の乱
仁安三年（一一六八）豊前・豊後国六郷満山二八本寺目録
承安二年（一一七二）大友能直生誕
治承四年～文治元年（一一八〇～八五）源平の争乱
治承五年（一一八一）緒方惟栄ら平家に反乱
寿永元年（一一八二）鎌倉二代将軍頼家生誕
元暦元年（一一八四）緒方惟栄ら宇佐宮を焼打ち
元暦二年（一一八五）天野遠景九州想追捕使に任命
文治二年（一一八六）毛呂季光豊後国司に推挙
文治四年（一一八八）大友能直頼朝に拝謁
文治五年（一一八九）奥羽合戦

三章　奥羽合戦と大友能直・河野通信

壇ノ浦の戦いで平家一族が滅亡してから四年が過ぎた。あとは、奥羽の藤原泰衡一族を追討すれば、ほぼ西国と東国を頼朝は掌握する。

義経の追討戦で、藤原泰衡は、義経を裏切り自殺に追い込んで、頼朝に恭順《きょうじゅん》を誓ったけれども、頼朝の非情・冷徹な性格は、泰衡をこのままおめおめと生かしておくわけにはいかない。そこで、頼朝は奥州平泉の藤原泰衡を討伐する。

平泉の泰衡を討伐するため、奥羽に入るには三つの関所を越えなければならない。西越後から入る鼠ヶ関、東常陸から入る勿来《なこそ》の関、そうして中央・下野から入る白河の関である。

頼朝は、左・右・中の三軍に分けて奥羽へと向かった。比企能員・宇佐美政の率いる左軍は鼠ヶ関を越える。千葉常胤《つねたね》・八田知家の率いる右軍は勿来の関を越える。白河の関を越えるのは、頼朝直卒《じきそつ》の中軍で、三軍の総勢は二八万四〇〇〇騎である。

中軍の武将として、豊後守季光、主計允行政、式部太夫親能、大友左近将監、河野四郎通信、葛西三郎清重等が頼朝に従った。

豊後守季光は、毛呂季光のことで、文治二年（一一八六）頼朝は豊後国司に推挙した。

主計允行政は、二階堂民部信濃入道行政のことで、頼朝が信頼する御家人の一人であり、河野通信は行政の娘を娶った。その子息の河野通末は孫で、そのまた子息の四郎左衛門行通は曾孫に当たる。

式部太夫親能は中原親能のことで、大友能直の養父で、弟は大江広元である。親能は鎮西奉行人に任じられ、豊後国と深い関係にあった。

大友左近将監は、大友能直のことで、初代豊後国守護（諸説あり）として豊後に下向した。河野（四郎）通信は、伊予国守護で、源平の争乱では、目覚ましく活躍して、頼朝の勝利に貢献した。通信の娘の美乃局は、将軍頼家の側室で、頼経の妻、竹御所の母である。また、能直の九男能基の後妻でもある（諸説あり）。

葛西三郎清重は、奥羽合戦後の奥羽の総奉行人で、奥羽藤原氏の滅亡後の奥羽の政治を、頼朝に代わって行なった。河野通信は、承久の乱で奥羽に配流されたが、奥羽合戦の戦友であったことが縁で、葛西に預けられた。このように、鎌倉時代から、血縁、縁組、戦友、地縁などで、人間関係は固く結びつき、少なからず政治に影響を与えていた。

文治五年（一一八九）七月一九日、頼朝は鎌倉を発した。七月二九日白河の関を越える。八月七日、国見宿に到着した。戦は二ヶ月に及んだが、頼朝軍は破竹の勢いで進撃し敵を圧倒し討ち勝った。そうして一〇月二四日頼朝は鎌倉へ凱旋《がいせん》した。

ところで、大友能直は、戦場で常に頼朝の近習を勤めていたが、能直が頼朝に語りかけた場面が伝えられている。

文治五年七月一九日、頼朝は鎌倉を出発して、二五日に下野国古多橋に到着したときのことである。

小山政光が、頼朝の所にやって来て挨拶をした。その時、頼朝の側に、紺の直垂《したたれ》上下を着て頼朝に侍《じ》する者がいた。

政光は、頼朝に「何人かと問えば」、

頼朝は、「本朝無双の勇士で熊谷小次郎直家という者だ」と答えた。

大友能直は、「如何なれば無双《むそう》の語を下さるのか」と頼朝に尋ねた。

頼朝は、「平家追討《ついとう》に際し、一の谷以後の戦場に於いて、父子が相並び命を棄てんと欲すること度々に及びたるを以ってなり」と。

政光は打ち笑い、「君のために命を棄てるのは勇士の常なり。直家のみに限らむや。唯直家の如きは、郎従なきにより、直ちに勲功を現せる。自分の如きは、郎従が多ければ単身進むことは出来ない。頼政よ。宗政よ。朝光よ。頼綱よ。今よりは自ら合戦を遂げて無双の御旨を蒙るべし」と言って子らを励ました。

それを聞いた頼朝は、大変喜んだそうだ。

七月二九日に、白河関を越えた。

頼朝は、関の明神に奉幣した。この時梶原景季を側に召していた。時恰《あたか》も初秋であった。そこで、頼朝は、「能因法師の歌は何だったか」と問うと、景季は馬を止めて口吟した。

【能因法師の歌】

都をば露とともに立ちしかど秋風ぞ吹く白河の関

【梶原景季の歌】

秋風に草木の露を払はせて君が越ゆれば関守もなし

頼朝を待ち受ける泰衡は、鞭盾《むちたて》（現在の仙台市鞭館）に陣を敷きし、庶兄、国衡に二万の軍勢をつけて、伊達郡の厚樫山《あつかしやま》を守らせた。國衡の郎党・若九郎大夫、余平六などには、数千を率いさせて栗原、三迫、黒岩口一辺を守らせ、田河行文、秋田致文《ちぶん》に出羽を警固させた。

金剛秀綱は、国衡軍の先鋒となり、数千騎を以って厚樫山下に陣営し、突貫工事で五丈の堀へ、阿武隈川の水を引いて備えを固める。佐藤元治は石那坂《いしなさか》の上に陣を敷き、そこへも阿武隈川の水を引いて来て堀を造らせた。

八月七日、頼朝は、国見宿（現在の福島県国見町）に着いた。お握りの様な三角形の厚樫山（阿津賀志山）は目前に在った。この山は宮城県との県境近くの福島県北部に位置し、三角点標高二八九・四ｍの小高い山である。

この厚樫山に籠る国衡軍と山麓から攻め上る鎌倉軍による激突が、いま将に始まらんとしている。

国衡は、山の周囲に防塁を築き防御を固めていた。鎌倉軍の先鋒を勤めるのは、畠山重忠である。頼朝は明朝を期して攻撃せよと重忠に命令した。

その日の夜になって、畠山重忠は、頼朝の命を奉じて、従卒、囚人等を使って土石を運ばせて堀を埋めてしまった。重忠は鎌倉から大勢の囚人を連れてきていたのだ。

八日卯《う》の刻《こく》（日の出）、頼朝は、先ず畠山重忠、小山朝光、加藤景廉、工藤行光、同祐光等を前進させた。頼朝の近習を勤めていた小山朝光は、父の激励の言に励まされて兄朝政の郎従を連れて厚樫山に向って先駆けしていた。

鎌倉軍は、山麓に展開する金剛秀綱軍に対して矢戦で襲い掛かった。

巳《み》の刻《こく》（一〇時）になり、金剛秀綱は、敗れて厚樫山下の陣を退き、山上の国衡の本陣と合流した。石那坂では、常陸の冠者・為宗等が攻め寄せて落し、守っていた佐藤元治《もとはる》及び一八将を討取った。

鎌倉軍は、一〇日を期して大挙して国衙の籠る厚樫山城に押寄せた。

三浦義村、葛西清重、工藤行光、工藤祐光、狩野親光、藤沢清近、河村千鶴丸の七騎が、畠山重忠の陣に気づかれない様に静かに通り過ぎ山登りを始めた。

けれども、重忠の従士成清之がこれに気づいて重忠に知らせたが、重忠は動かない。

そこで、清之は具申した。

「今度の合戦に先陣を承ることは抜群の面目である。ところが、抜け駆けする者がいるから、これを止めるにはどうすればいいのか」と。

重忠は答えた。「たとえ抜き駆けされて敵を退けても、自分は既に頼朝から先陣を承っている以上、それは皆、自分の功になる。且つ、抜け駆けしょうとする者を止めさせるのは武略の本意ではなく、その者を中傷するのと同じである。このような場合は唯知らぬ振りしておることが神妙なのだ」と。

先駆けした七騎は、麓の城の木戸口までたどり着いた。各々名を名乗る。

城内よりも伴藤八以下の強兵が出て戦う。

工藤行光が木戸口を打ち破り城へ向かって先登りする。狩野親光は敵矢に中り討ち死した。

伴藤八は、陸奥第一の強力と称せられているが、工藤行光はこれと戦ってその首を獲った。

同じく先進した藤沢清近は、これを見て驚嘆のあまり、行光の息男を自分の娘婿にすると、矢石戦の間に両将は契約を成した。

　こうしているうちに、国衡軍が鯨波のように襲いかかって来た。畠山重忠、小山朝政、小山朝光、和田義盛、小代行平、中山重政、三浦義澄、佐原義連、中山為重、藤沢清近などの勇将は、決死の覚悟で防戦した。

　鬨の声は山岳を振動させたが、城の防御が堅くて抜けない。

　小山朝光は、宇都宮朝綱と相謀って、決死の七士を迂回させて厚樫山城の背後の山に出て、その頂上から矢戦を仕掛けた。城内の国衡軍は、この背後からの奇襲に驚き、城外に逃れて混乱の中を山深く後退した。

　重忠等の率いる鎌倉軍の主力隊は、城内に素早く侵入して、逃げ惑う敵に討ち掛り、終に不落の堅城といわれた厚樫山城は落城した。

　敵将・国衡《くにひら》は敗走した。続いて金剛秀綱も敗走したが、逃げる途中で小山朝光に討たれた。

　国衡は羽州（秋田）を目指して大関山を越えようとした。

　和田義盛はこれを追った。馬の首を立て直して、いま将に矢が弓を離れる瞬間、義盛の放った矢が先に国衡の甲の射向の袖《そで》を射通して腕に中《あた》った。国衡は創《きず》を負っても走る。稀有《けう》な大将なので、義盛は二の矢を放った。そこへ後詰の重忠の軍が殺到した。

　国衡が乗っている馬は、高盾黒《たかたてくろ》と云い、肥満した躯体の国衡が、毎日三度も乗って平泉の高山を上下しても、少しも汗を加かない天下の名馬である。

国衡は、義盛の二の矢を恐れ、重忠の大軍に驚いて、大道を避けて、細い山道を進んだところ、深田に嵌まり馬が足を取れて、さすがの名馬も泥沢の中から脱することが出来なかった。そこを和田義盛に討たれた。

あくる日、船迫宿《ふねせのしゅく》（宮城県柴田町）で、重忠は、国衡の首を頼朝に献じ、頼朝は大変感賞した。

そこへ、和田義盛が進み出て、「国衡は義盛の矢に中って命を落としたのだから、重忠の功ではない」と異議を申し立てた。

重忠は哂《わら》って、「自分が現に首を献じたのであるから、何の疑いもないではないか。何の証拠があってそのようなことを申されるのか」と。

義盛は、「首の事を申しているわけではない。国衡の甲《かぶと》は剥《は》ぎ取ってあるか。あれば甲を取り寄せれば真実は直ちに判る。われは、国衡の左袖を射抜いた。矢痕は鎧の三枚目あたりにあるはずだ。甲は緋縅《ひかん》（茜色《あかね》の縫い糸）で、乗っていた馬は黒毛である」となおも強訴する。

果たして、甲を取り寄せて検分すると、確かに緋縅の甲の三枚目に矢痕《やこん》があった。而かも痕は大きく鑿《のみ》を通せる程だった。

頼朝は、重忠に向かって、「汝《なんじ》は矢を発しなかったか」と問うと、重忠は「然り」と答えた。

すると、頼朝は、「国衡を射ったのは義盛であることは明白であるが、討ち取ったのは重忠の部下である。重忠は後陣に居たので、誰が射ったか知るはずはない。いずれにしても、我（頼朝）の部下が討ち取ったものなので、我が軍の功として、重忠が我に首を献じたものである。重忠は謹厚《きんこう》誠実の人、他の功を奪うようなことをするはずはないことは、頼朝もすでに熟知しているところである」と宣告し、結局、二人の争うところは何れも理《り》があるので、頼朝は是非の判決を下さなかった。

頼朝は、厚樫山の決戦に勝利して多賀の国府に到着した。千葉常胤《つねたね》、八田知家《ともいえ》の率いる右軍はここで、頼朝に率いる中軍と合流した。

他方、厚樫山の敗北が伝えられると、泰衡は鞭楯《むちたて》を放棄した。そして、物見岡《ものみがおか》に拠《たてこも》った後、誰母城《たがははじょう》に移動して拠ったが、頼朝軍の圧力は強く、遂に根拠地の平泉まで敗走した。だが、そこでも留まれず火を放って平泉を去った

鎌倉軍は、泰衡の後を追いて平泉に到着した。追い詰められた泰衡は、書面で降参を申し出たが頼朝は許さず、陣ケ岡に向けて進軍した。

比企能員《よしかず》、宇佐美実政の率いる左軍も、田河行文、秋田致文《ちぶん》を討取って陣ケ岡に到着し頼朝と会見した。

これで、頼朝の率いる二八万四〇〇〇騎が陣ケ岡に集合した。

白旗（源氏の旗）が奥羽の野に満ち、折しも穂の出た尾花に混じって、乾坤《けんこん》一望、白く澄み渡る秋の月も、いよいよ光を増さんばかりである。

泰衡軍は、総崩れとなり、後は北海道へ逃げるしか道は残されていなかった。

やっとの思で贄柵《にえのさく》に辿り着いたが、家臣・河田次郎が裏切り、泰衡を殺して首を頼朝に献じた。

頼朝は、「汝が泰衡を殺したことは、一見するに功あるに似ているが、泰衡は既に我の手中にあった。汝は、譜第《ふだい》の恩を忘れて主君を殺した。その罪は許すべからず」と河田次郎を責め、小山朝光に命じて河田を斬殺した。こうして九月六日戦いは終わった。

泰衡の弟の高衡を始めとして、降参する者は許し、捕虜も解放して、奥羽の地は全く平和になった。頼朝が鎌倉に凱旋したのは一〇月二四日である。

夏草や兵《つわもの》どもが夢の跡

【奥羽藤原氏略系図】

清衡→基衡→秀衡→国衡
　　　　　　　　→泰衡（義経を討つ）

奥羽合戦に頼朝の率いる中軍に属し参戦した武将一四四の名簿を『吾妻鏡』（文治五年（一一八九）七月一九日条）に見る。

【注記】畠山次郎重忠は先遣隊を率いていたので、中軍とは別隊である。

「橿原六郎武蔵守義信、遠江守義定、三河守範頼、信濃守遠光、相模守惟義、駿河守廣綱、上総介義兼、伊豆守義範、越後守義資、豊後守季光、北条時政、北条義時、北条時房、新田蔵人義兼、浅利冠者義遠、武田兵衛尉有義、伊澤五郎信光、加々美次郎長清、加々美太郎長綱、小山兵衛尉朝政、小山五郎宗政、小山七郎朝光、下河邊庄司行平、吉見次郎頼綱、南部次郎光行、平賀三郎朝信、三浦介義澄、三浦平六平義村、佐原十郎義連、和田太郎義盛、和田三郎宗實、小山田三郎重成、小山田四郎重朝、藤九郎盛長、足立右馬允遠元、土肥次郎實平、土肥彌太郎遠平、岡崎四郎義實、岡崎洗次郎惟平、土屋次郎義清、梶原平三景時、梶原源太左衛門尉景季、梶原平次兵衛景高、梶原二郎景茂、梶原刑部丞景友、梶原兵衛尉定景、波多野五郎義景、中山四郎重政、中山五郎為重、渋谷次郎高重、渋谷四郎時国、主計允行政（二階堂信濃行政）、式部太夫親能（中原親能）、大友左近将監（大友能直）、河野四郎通信（河野通信）、豊嶋権守清光、葛西三郎清重（奥羽総奉行人）、葛西十郎、江戸太郎重長、江戸次郎親重、江戸四郎重通、江戸七郎重宗、山内三郎経俊、大井寛春、宇都宮左衛門尉朝綱、宇都宮次郎業綱、八田右衛門尉知家、八田太郎朝重、民部丞盛時、豊田兵衛尉義幹、大河戸太郎廣行、佐貫四郎廣綱、佐貫五郎、佐貫六郎廣義、佐野太郎基綱、阿曾沼次郎廣綱、波多野余三實方、加藤太光員、加藤藤次景廉、佐々木三郎盛綱、佐木五郎義清、曽我太郎助信、橘次公業、宇佐美三郎祐茂、二宮太郎朝忠、天野右馬允保高、天野六郎則景、伊藤三郎、伊藤四郎成親、工藤左衛門尉祐綱、仁田四郎忠常、仁田六郎忠時、熊谷小次郎直家、堀藤太、堀藤次親家、伊澤左近将監家景、江右近次郎、吉香小次郎、中野小太郎助光、中野五郎義成、渋河五郎兼安、春日小次郎貞親、飯富源太宗季、大見平次家秀、沼田太郎、糟屋藤太有季、本間右馬允義忠、海老名四郎義季、所六郎朝光、横山権守時廣、三尾谷十郎、平山左衛門尉季重、師岡兵衛尉重経、野三刑部丞成綱、中条藤次家長、岡辺六野太忠澄、山越右馬允有弘、庄三郎忠家、四方田三郎弘長、浅見太實高、浅羽五郎行長、小代八郎行平、勅使河原三郎有直、成田七郎助綱、高鼻和太郎、塩屋太郎家光、阿保次郎實光、宮六兼仗国平、河匂三郎政成、河匂七郎政頼、中四郎是重、一品昌寛、常陸房昌明、尾藤太知平、金子小次郎高範、岡辺小次郎忠綱、岡辺六郎太忠澄、吉香小次郎、藤沢次郎清近、成田七郎助綱、飯富源太宗季、小野寺太郎道綱、豊田兵衛尉、常陸次郎為重、常陸三郎資綱」

四章　源平争乱後の豊後国

大宝元年（七〇一）の大宝律令制の時代から、鎮西（九州）では、大宰府を中心とする支配体制が確立されていた。朝廷の鎮西の出先機関である大宰府には、京都から公家官吏が赴任して、大弐（長官）・少弐（次官）以下の官僚組織による地方政治組織は形成されていた。

鎮西とは筑前・筑後・豊前・豊後・肥前・肥後・日向・大隅・薩摩の九国で、それぞれの国には国衙《こくが》が置かれ、公家が国司となって赴任または遥任していた。国司の下には、目代（代官）・郡司・里正を配置し、国領・官領・荘園から税を取立てていた。

豊後国にも藤原姓を名乗る公家が国司に任じられていたが、大部分は遥任《ようにん》（京都にいて国に赴任しない）で、任地豊後国に下向する国司はほとんどいなかった。

鎌倉幕府は、この律令の支配体制を存続させながら、それとは別に、守護・地頭という新たな官職を設け、既存の国司と併存させた。

源平争乱期（一一九二年から一一九五年）の豊後国司は、平家政権によって任命された公家の藤原頼輔で、珍しく豊後国に下向した数少ない国司で、息子頼経を伴って豊後国に赴任した。

そもそも、豊後国には、八幡信仰の中心である宇佐宮の神領が多く存在し、ことに平清盛の時代、宇佐宮は、朝廷と婚姻を結んで関係を強め、大宮司・宇佐公通の妻は、高倉天皇の后、徳子（父は清盛・母時子）の妹浄子で、安徳天皇は浄子の甥にあたる。

従って、宇佐宮は平家政権にとって、鎮西の重要な拠点としての機能をも果たしていた。

宇佐宮の存在する宇佐郡は、江戸時代までは豊前国に属していたが、隣国である豊後国の開拓領主たちが荘田を宇佐宮へ寄進したため、宇佐宮領の荘田が豊後国に多く存在していた。（河野泰彦著『宇佐宮荘園の成立過程』）

ところが、平家政権による豊後国支配に不満をもつ在地勢力も台頭して来た。

それは、海部郡を拠点とし豊後水道で活躍していた緒方惟栄を頭領とする大神一族である。惟栄は、大野川の河口から上流の奥地までも支配しており、祖母山に住む大蛇の化身と呼ばれ、人々から大変恐れられていた。

京都にいた豊後国司の藤原頼輔は、豊後国を平定するため下向したが、源範頼（頼朝の弟）軍が、寒い北西の季節風をまともに受ける周防国の上関で、豊後への上陸を試みて立ち往生していることを知り、惟栄に軍船八二艘を提供させて、範頼軍の豊後国速見郡浜脇浦の上陸の手助けをした。

この頼輔の平家から源氏への変節は謎であるが、ともかく範頼軍は、こうして無事に豊後国へ上陸することが出来た。

上陸した範頼軍は、九州の内陸部を南から北上し、安徳天皇をはじめ平家の公達が逗留している大宰府を目指してさらに進撃を続けた。

このことを知った平知盛は、安徳天皇と祖母時子（清盛の妻）・母建礼院門など平家の公家達を大宰府から脱出させた。

一行は、博多から海路を使って、讃岐国屋島に向かう途中で、豊前国柳ヶ浦に一旦立ち寄り、宇佐宮で平家必勝祈願の祈祷をするため、仮行在所で数日間を過ごした後、再び柳ヶ浦から船出し、平家軍が集結する屋島へと向かった。

壇ノ浦の合戦で平家が滅亡した後、文治八年（一一八六）、頼朝は側近の御家人毛呂季光を豊後国司に任じた（『吾妻鏡』）が、季光は豊後国に下向することはなかった。

その前年の文治元年（一一八五）頼朝は、側近の天野遠景を九州惣追捕使（鎮西奉行）に任じ、強力な軍事権と警察権を与えて、平家の残党（悪党）の追補と平家の領地の没収を強力に推し進めた。

遠景は、在任中に豊前国御家人宇都宮信房を伴って薩摩半島の南五〇キロに位置する鬼界島（薩摩硫黄島）の平家残党の征伐に出かけた。同島の北端には平家城址がある。

そこからさらに二〇〇キロ南下したトカラ列島の平島にも、平家洞窟と呼ばれる洞窟があり、いまもこれらの島々には平家伝説が残っている。

このような絶海の孤島にまで、平氏の残党を求めて追捕使を派遣した頼朝の執念には、自分に抵抗する悪党を決して容赦しない、頼朝の非情さと冷酷さを感ぜずにいられない。

反面、頼朝に忠実な遠景は、頼朝の権勢を背にして、強引な徴税で、寺社・権門領主との間に絶えず訴訟が起きたので、頼朝は建久六年（一一九五）遠景を鎌倉に呼び戻した。

後任には、武藤資頼と中原親能（大友能直の養父）が、鎮西一方奉行に任ぜられて大宰府に赴任した。一方奉行とは職務の分担を意味し、資頼が九州の西側を、親能が東側をそれぞれ分担した。しかし、親能は間もなく京都守護に任じられ九州を離れた。

親能の家系の中原氏は下級公家であったが、法制研究の官職を代々世襲する明法博士の家柄であった。その学識を頼朝に認められ、親能の妻は、頼朝の二女である三幡《さんまん》（乙姫）の乳母に執りたてられ、親能は乳母夫《めのとぶ》となった。

親能は、建久八年（一一九六）まで京都守護を勤めていたが、その後も京都に滞在していながら、鎌倉幕府の政所の特命（豊前・豊後・筑後国）の公事奉行職に転じ、依然として鎮西諸国の治安と徴税に強い権限を持ち続けていた。

中原親能が京都守護職を帯していたとする史料として、建久六年（一一九五）正月の『高野御領沙汰人宛の中原親能書状』がある。

「年貢を対捍《たい》（国司・領主に名主が抵抗）する犯人等ハ無狼藉可被召渡守護所也」

これは、高野御領の地頭に宛てた中原親能の京都守護の権限に基く下知である。京都守護が紀伊国の地頭に命令書を出すとは考えにくいので、高野御領は京都にある高野山の領地（荘園）を指すものと考える。現在も京都市下京区西七条に御領町という地名が存在する。

また『吾妻鏡』の建久六年（一一九五）八月六日条に、

「志楽荘と伊弥保（京都府舞鶴市）の地頭後藤左衛門尉基清が押領したとの知らせを受け、鎌倉幕府が中原親能に調査と、事実ならば別人を地頭に任ぜよと命じた」

これらの史料によって、中原親能は京都守護の地位にあったことは疑問の余地はない。

鎌倉で乳母である親能の妻に育てられていた三幡《さんまん》（乙姫）は、後醍醐天皇に輿入れすることも決まり、女御と称せられていた。ところが、建久一〇年（一一九九）一月一三日一四才の若さで病死した。

三幡（乙姫）が息を引き取るまでの様子は、『吾妻鏡』に詳しく記されているが、乳母夫の親能が、病を治すため、京都の高名な医者を、鎌倉の三幡のもとに同行して、手厚い看病をした様子に心を打たれる。

この三幡の死を境にして、源氏本流（頼朝子女）は、度重なる悲劇に見舞われることになる。すなわち、その一ケ月後に頼朝は落馬が原因で亡くなった。そして二代将軍には頼朝の嫡男、頼家が任命されたが、執権北条時政によって伊豆に追放された後暗殺され、三代将軍実朝も鶴岡八幡宮で甥の公暁によって暗殺された。

このような激動の中を、親能は京都に住まいながら、鎌倉幕府の政所の特命公事奉行として、鎮西の幕府の知行地を巡察し、情報を報告していたものと思われる。

建仁二年（一二〇二）、二代将軍頼家の訴訟裁許権を制限するため、幕府に設置された一三人合議制のメンバーに、親能（京都からただ一人）、親能の弟の大江広元、河野通末の祖父、二階堂民部信濃入道行政も選ばれている。

そうして、親能は、元久元年（一二〇四）三月二二日鎮西乃貢勘定（公事奉行人）を命ぜられたのを最後に、五年後の承元二年（一二〇九）京都で没した。『吾妻鏡』

他方、『上妻文書』によると、大友能直は、義父親能が亡くなる二年前の承元元年（一二〇七）八月二八日、「筑後守護」をも帯したことが認められる。（佐藤進一著『鎌倉幕府守護制度の研究、筑後の条』）

したがって、この時期において、大友能直は、豊後、豊前、筑後の三国の守護を兼帯していたと推定される。

ところで、後述するように、大友能直（初代）と親秀（二代）について、豊後国下向を否定する説が有力であるが、承元三年（一二一〇）一二月一一日付『将軍家政所下文』（『大分県史中世篇1』所収）に「肥後国神蔵庄近部、鳥栖住人左衛門尉藤原能直」とあるので、能直は肥後国の鳥栖に住んでいることが確認されるから、当然に豊後・豊前国に赴いて奉仕していたと推認できる。

また、『豊後国志』によると、大野郡大野庄藤北木原村の勝光寺について、「貞応二年一一月左近将監能直卒、葬干《ほうむるここに》大野藤北、嗣子大炊《おおう》介親秀　営《いとなんで》　其宅兆《うらない》、建寺名勝光寺―略―」とあるので、親秀は、藤北（大野郡大野荘）に宅（屋敷）を持っていた。

そうだとすれば、能直、親秀の豊後下向否定説は疑問である。

五章　承久の乱と河野氏一族

承久三年（一二二一）四月、河野通信とその子通政は、後鳥羽上皇の召しにより京都へ上がり、上皇に拝顔し、通政は院警固の西面の武士（ほかに北面の武士もある）を命ぜられた。西面の武士となった通政は、承久の乱（承久三年・一二二一）で朝廷方（後鳥羽上皇方）に属して、鎌倉幕府方と戦い敗れて斬首された。

通政の父通信と弟通末も、通政と共に戦って敗れ捕らえられて、通信は奥羽江刺へ、通末は信濃の佐久小田切へ、それぞれ配流となりその地で一生を終えた。

筆者には、通末が和泉守の官途を許されたとする文献は見当たらないが、第三編三・四章の論考から、通末を、頼朝が豊後の悪党（頼朝に抵抗する勢力）大神一族を征伐するため派遣した征討軍の騎馬武者の一人である河野和泉守と比定する。

通末は、豊後国国崎郡国東郷の地頭をしていた、二階堂信濃行政が母方の祖父であった関係で、国東郷の地頭代（代官）をしていた。そして、その代官職は、通末の末裔が代々継承し、子息通秀、通時へと相伝された。『予章記・河野系図』

通信の正室は、北条時政と牧の方の娘で、通信には他に後妻・側室がいたが、通末の母は後妻・二階堂行政の娘であった。『予章記・河野系図』

国東郷は、姫島を含む国東半島の北東部に位置し、瀬戸内海、豊後水道を往来する交易船を海賊から守る重要な平氏の拠点であった。そのため、同郷は清盛の嫡男重盛の所領であった。ところが、平家の滅亡によって、同郷は鎌倉幕府に没収されて国領となり、御家人の二階堂行政が地頭職を帯した。『豊後国図田帳』

源平の争乱以来、河野通信の目覚ましい活躍によって、「伊予に河野水軍あり」と、その高名は、朝廷にまでも轟き渡っていた。頼朝は、通信を西国の御家人であるにもかかわらず、鎌倉に居宅を与え、つねに側近に置き、身辺の警固の奉行人に任じていた。

通信も頼朝の御恩に報いるため、伊予から武術に長けた屈強な家人を呼び寄せ、頼朝の側御用衆の頭領を勤めていた。

ところが、頼朝の死後、梶原景時が六六人の御家人の連判状によって幕府から追放され、一族が滅亡する事件（梶原景時の乱）が起きたが、景時を糾弾する連判状（正治元年一〇月二七日）に河野通信の名前を見る（『吾妻鏡』）。

【名簿六六人中四〇人分】

千葉介常胤、三浦介義澄、千葉太郎胤正、三浦兵衛義村、畠山次郎重忠、小山左衛門朝政、七郎朝光、足立左衛門遠元、和田左衛門義盛、兵衛門常盛、比企右衛門能員、所右衛門尉朝光、民部丞行光、葛西兵衛尉清重、八田左衛門尉知重、波多野小次郎忠綱、大井次郎実久、若狭兵衛尉忠季、渋谷次郎高重、山内刑部丞経俊、宇都宮弥三郎頼綱、佐々木三郎兵衛尉盛綱入道、榛谷四郎統重朝、安達藤九郎盛長入道、稲毛三郎重成入道、藤九郎景盛、岡崎四郎義実、土屋次郎義晴、東平太重胤、土肥先次郎惟光、河野四郎通信、曽我小太郎祐綱、二宮四郎、長江四郎明義、諸二郎季綱、天野民部丞遠景入道、工藤小次郎行光、右京進仲業。

ところで、すでに見た豊後渡海・奥羽出兵・梶原景時糾弾状の各名簿に登場する武士の大部分は東国武士であり、有名な西国武士は河野通信ただ一人と思われる。

そのような、東国武士を中心とする鎌倉の武家社会にあって、着々と立ち位置を築いてきた河野通信ではあるが、承久の乱（一二二一）で、朝廷方に与して幕府軍と戦って敗北したため、通信が鎌倉幕府の成立に貢献した功績と恩賞地は、ほとんど失われたと言っても過言ではない。

また、この敗北は、伊予河野一族のみならず、各地に土着していた河野氏にも大きな衝撃を与えた。それは、六波羅探題（幕府）から西国の守護に対して、「河野通信一族の追討令」が発せられていたからである。

豊後国に土着していた河野一族は、峻嶮な山里に身を隠し、あるものは河野姓を棄てて他姓を名乗る者さえいた。藤北・大野・田中・立石・月俣などの姓を名乗り、大野郡・大分郡・国崎郡・速見郡・豊前国宇佐郡等の山岳地で密かに生活していた。彼らが、勢いを回復したのは、「弘安の役」（一二八一年）で河野通有が活躍してからである。

通有は河野通久（河野通信の子息）の孫である。通久は、承久の乱で、ただ一人幕府方につき、朝廷方についた父通信・兄弟通政・通末・通俊と袂を分かち、敵に回して戦って勝利した。

その奮戦の様子は『承久記』に詳しいが、通久は宇治川の急流を三番目に渡ったと記している。

承久の乱は、頼朝の死後二〇年経過して発生した。その間、幕府内では、東国御家人による権力闘争が繰り返されて、長期政権を目指す鎌倉幕府にとって、承久の乱は、越えなければならない壁であった。

鎌倉では、正治元年（一一九二）、頼朝が逝去した。それ以来、北条時政・義時は次々と源氏恩顧の有力者たち（比企、畠山、和田一族）を排除した。頼朝の後継者である頼家や実朝もこの混乱に巻き込まれて殺害された。頼朝の血統で残ったのは、孫娘の竹御所のみとなった（後に竹御所は頼経の正室となる）。それればかりではない。北条時政までも政子と義時によって追放（原因は牧の方事件・畠山忠重の乱）され、義時が執権となった。

そして、京都から二才の九条頼経（藤原）を若君（将軍予定者）として迎えた執権北条義時（時政の嫡男）は、幕府の実権を掌握して独裁体制を確立した。

他方、朝廷では、武家政治に対抗し続けた後白河法皇の遺志は、孫の後鳥羽上皇に受け継がれた。

北条執権体制の確立を快く思わない後鳥羽上皇は、御家人たちの権力闘争による幕府内部の混乱を見て、いまこそ幕府打倒の好機と捉え、秘かに倒幕の準備をしていた。

まず、後鳥羽上皇が着手したのが、宮殿護衛のための北面の武士という武士集団の編成である。次に、主として西国御家人の子弟からなる西面の武士団も編成した。

後鳥羽上皇の招きに応じて、西面の武士団に参加した者は、在地御家人の子弟が多く、その中に伊予国の御家人河野通信の子通政がいた。

西国武士とその子弟は、幕府内で冷遇されており、日頃の待遇の不満が爆発したのだと思う。『予陽河野家譜』は、頼朝の死後天下の政務をほしいままにする北条氏の横暴ぶりを目のあたりにした通信は、その心がしだいに北条氏から離れていったと記している。

承久三年（一二二一）、後鳥羽上皇は、武力による倒幕を決意し、北条氏に不満や反感をもっていた地方豪族、守護らをひそかに京都に集めた。

その中には、鎌倉幕府の実力者の一人であった三浦義村の弟の胤村の姿もあった。『承久記』によると、同年四月二八日、上皇は城南寺で仏事を催すと称して、守護のため甲冑を着けて参加するように命じたが、この参加者の中に、伊予国の河野四郎入道（通信）の名が見える。

そして五月一四日、上皇は鳥羽離宮で流鏑馬を行うことを理由に、諸国の武士や諸寺の寺兵を招集して、北条義時追討の院宣をくだし、一七〇〇名におよぶ将兵の意気は大いにあがった。

一方、鎌倉幕府では、短期決戦を決意し、軍を三道に分かって、京都への進撃を開始した。これに対して、朝廷方は木曽川沿いに防衛線を敷いて幕府方に対抗しようとした。しかし、頼みの比叡山山門衆徒は朝廷方への参加を拒み、六月五・六日の戦闘で第一戦の防衛線は幕府方にすべて破られるありさまであった。

そこで、朝廷方は六月九日、緊迫した状況のなかで、京都を防衛するため、諸将を水屋崎、勢多、宇治、淀、広瀬の諸方面に進発させた。その時の軍勢の手分けについて、『承久記』は、「承久三年六月九日、月卿雲客（公卿と殿上人）が京都を逃げ去るので、宇治・勢多方々へ分けて討手を差し向けた。（中略）河野四郎入道通信・子息太郎（通政）、五〇〇余で広瀬へ向かった。」と河野一族が広瀬へ出動したことを記している。

しかし、朝廷方の第二線も、同月一三・一四日の両日の戦闘で総崩れとなり、朝廷方の司令塔の藤原秀康や三浦胤義らは、戦場を逃れて京都に舞い戻り、後鳥羽上皇を頼ったが、上皇は門を閉じて彼らを入れず、かえって北条討伐の宣旨を取消して、藤原秀康らの追討を命ずるありさまで、短日時で勝利は幕府方の手に帰してしまった。

広瀬に出陣した河野通信等は、朝廷方の敗色を知るや、京都から伊予国へ逃げ帰り、通政やその弟通末・通俊らとともに、高縄山城に拠って反抗を続けた。

『吾妻鏡』承久三年六月二八日の条によれば、それは「当国勇士等」を相従えたかなりの規模のもので、『予陽河野家譜』は当国御家人等数千の強兵を率いて抗戦したといい、その時通信と行動をともにした一族国人一二九名の姓氏をくわしく記している。

河野氏の挙兵に対して、幕府は伊予国御家人忽那《くつな》国重、宇野頼恒といった反河野党の面々に命じて、高縄山城を攻撃させた。彼らの力では同城を攻略することはかなわず、七月一〇日には阿波・土佐・讃岐の御家人が数千の強兵を率いて寄せて来た。さらに備後国太田荘の有力御家人三善康継らの遠征軍も加わって『高野山文書・一三八』、激しく攻め立てたので、同一四日、得能通俊は忽那国重に討たれ、通信もまた城を脱出しようとしたが、傷を負って宇野頼恒に捕らえられた。また、通政やその他の諸士も降伏し、あるいは逃亡して落城したという。『予陽河野家譜』

こうして、伊予における承久の乱は終わった。

幕府方勝利の報をうけた鎌倉では、即日後鳥羽・順徳上皇の配流を決断し、戦争責任の追求をはじめた。

幕府にそむいた武士や貴族を徹底的に調べあげて、三〇〇〇余個所に及ぶ彼らの領地を没収したが、その処分は、幕府直属の身分でありながら、朝廷方に加担した御家人に対しては、きわめてきびしいものであった。河野氏も、当然きびしい処分を覚悟しなければならなかった。『予章記』は、同氏の所領五三個所、公田六〇余町、一族一四九人の所領も幕府に没収されたと記している。

一方、幕府方として戦い、軍功のあった通久は、阿波国富田荘（現徳島市）地頭職を与えられたが、父祖の地を忘れられず、伊予復帰を願い出て許され、貞応二年（一二二三）、久米郡石井郷を与えられた。これによって、伊予河野氏の命脈は通久の後裔に引き継がれた。

しかし、また、後述のするように、竹御所の尼将軍政子に対する懇願によって、河野氏に対する所領の没収以外の処分は、むしろ寛大であったと考える。

河野通信は死一等を免れて奥羽合戦の戦友の葛西三郎清重に預けられて奥州江刺郡へ、通末は、母方祖父二階堂行政の所領のある信濃国佐久郡伴野小田切へと、それぞれ配流となった。

通信は、配所で観光と号していたが、貞応二年（一二二三）、六一八才で波乱に満ちた生涯を終えて、通末も配所で没した。このように、流罪の配所は、流人と地縁等を考慮して決めていたようである。

さて、鎌倉に視点を転じると、承久の乱の二年前、承久元年（一二一九）、実朝が暗殺され、頼朝の男子直系血族は途絶えた。北条氏の出自は平家であるので、亡き右大将頼朝を尊崇する東国の源氏武士団の動揺を抑えるため、北条義時と政子は、頼朝の傍流を将軍に迎える必要があった。

そのため、朝廷と北条義時・政子との妥協の産物が、頼朝の姉の孫である藤原頼経を若君（将軍予定者）として鎌倉に迎えることであった。その時頼経はまだ二才であった。頼経は、政子を中心として、数名の乳母によって大事に育てられた。政子の側近にあって頼経を実際に育てたのは乳母頭の竹御所である。竹御所は頼朝の孫娘で一八才に成長していた。竹御所は政子を実母のように慕い、政子の意を受けて頼経の養育に当たった。

そして、承久の乱が起って鎌倉は一時混乱に陥ったが数か月で戦乱はおさまり、執権政治体制による幕政が行われた。

政子が、承久の乱の際、御家人たちを前にして、檄を飛ばした「政子の演説」は有名であるが、その後も尼将軍として、執権義時（政子の弟）を助けた。

しかし、政子も病には勝てず、嘉禄元年（一二二五）八月一六日亡くなり、竹御所の沙汰で八月二七日、政子の葬礼が執り行われた（『吾妻鏡』嘉禎元年八月二七日条）。

嘉禄二年（一二二六）一月、頼経は任官し、征夷大将軍を宣下した。

寛喜二年（一二三〇）竹御所と婚姻し、竹御所は御台所となった。その時の執権は北条泰時（義時の嫡男）であった。

後出第二編二章の【一遍上人関係図】で説明するが、竹御所の従兄弟に当たる一遍上人は、諸国行脚のみぎり、叔父通末の霊の眠る信濃国佐久郡伴野小田切と奥州江刺郡を訪れ祖父通信の墳墓を訪ねてその菩提を弔っている。

また、次の通り、承久の乱後、河野通末流と思われる一族の者（③④⑤）が幕府の公式行事に参加している記事が『吾妻鏡』に見える。

①　建長三年（一二五一）正月八日条
「由比ガ浜御弓始、被選射手、陸奥掃部助監臨之、武蔵守、遠江守、北条六郎以下、為見物而被行向云々、射手一七人（中略）　八番河野右衛門四郎」

②　建長四年（一二五二）四月一四日条
「将軍家始御参鶴岳之八幡宮（中略）次御弓始、射手六人（中略）二番河野左衛門通時」

③　康元元年（一二五六）正月四日条
「早旦、相州被覧御的始射手交名給、凡二一人也、然而参否不一準、所謂申領状輩（中

略）

河野五郎兵衛尉行真、以前故障輩之中、於朝村・行真者無恩許、可参勤之由、於殿中直相触之、被召領状奉吃、是依堪能之越人也」

④　康元元年（一二五六）正月九日条

「於由比ガ浜、被選御的射手、左右各以九人二五度被試之（中略）三番河野五郎兵衛尉（後略）」

⑤　康元元年（一二五六）正月一三日条

「御的始、射手一〇人、二五度射之云々（中略）三番河野五郎兵衛尉行真、（後略）」

⑥　正嘉二年（一二五八）正月一日条

「垸飯相州禅室御沙汰両国司被候大疵、其外着座庭上東西（中略）東座　中務大輔　越後右馬助（中略）河野右衛門四郎　（後略）」

⑦　弘長三年（一二六三）四月一六日条

「河野四郎通行子息九郎経通入小侍番帳云々、和泉前司伝仰於小侍云々」

右のうち、③と⑤の河野五郎兵衛尉行真は、河野四郎左衛門尉行通と「行」が共通する通字であるところから、二階堂行政の血縁者で、河野四郎左衛門尉行通の兄弟と推測される。

④の河野五郎兵衛尉について、行真の通称は見えないが、③と⑤と同じく康元元年

（一一五六）正月の行事であるので行真に間違いない。

【年表2】

建久三年（一一九二）頼朝征夷大将軍
建久七年（一一九六）大友能直・河野和泉守豊後入部、高崎山・神角寺合戦
正治元年（一一九九）頼朝没、頼家二代将軍
建仁二年（一二〇二）竹御所生誕、幕府一三人合議制
元久元年（一二〇四）頼家暗殺、実朝三代将軍、中原親能鎮西乃貢勘定奉行人
元久二年（一二〇五）畠山重忠の乱、北条義時執権、河野通信幕府警固奉行人
建永元年（一二〇六）大友能直筑後守護を兼帯する
承元三年（一二〇九）中原親能没
承久元年（一二一九）実朝暗殺
承久二年（一二二〇）頼経二才京都から鎌倉下向（将軍予定者）
承久三年（一二二一）承久の乱、河野通信・通末らは朝廷方、通久は幕府方
貞応元年（一二二二）河野通信は奥羽江刺、通末は信濃佐久へそれぞれ配流
貞応二年（一二二三）大友能直没

第二編　河野通有と一遍上人

一章　河野通有と元（蒙古）襲来

文永五年（一二六七）以来、鎌倉幕府は元（蒙古）から国書を受け、その対処に苦慮していた。その内容は、修好を求めながらも拒否すれば軍事行動を取るという、剛柔両様のものだった。

しかし幕府は強硬政策をとって使節を退け無視した。そして元（蒙古）の襲来に備えて、鎮西奉行人小弐資能と同大友氏頼泰に対して、鎮西全般に及ぶ軍事指揮権を与え、鎮西九国の守護にも、御家人武士を率いて博多に集結するよう命じた。

そこで、元（蒙古）の皇帝フビライ・ハンは、文永一一年（一二七四）一〇月、元（蒙古）軍を高麗の慶尚道合浦（馬山）から出撃させ、防御の薄い對馬・壱岐を一気に攻略して、同一九日朝、博多湾に侵入した。翌二〇日朝、元（蒙古軍）は百道原《ももちはら》に上陸を敢行し、応戦した日本軍と激戦を交えた。

しかし、元（蒙古）軍の上陸を許した日本軍は、大宰府の防御線である水城まで後退した。ところが追撃してきた蒙古軍の副将リュウフクコウが負傷し、また補給線が伸びきってしまって武器と食料の不足が生じたため、元（蒙古）軍は一日で博多湾の軍船まで撤退した。

この時の元（蒙古）軍の襲来（文永の役）に参戦した日本軍は、九州諸国の武士勢のみであったので、伊予国住人河野通有は参戦していない。

不意を突かれ、防御の薄い箇所を突破された鎌倉幕府は、防御を固めるため博多の浜に石塁を築き、元軍の再襲来に備えた。河野通有が幕府の命を受けて九州博多へ出動したのは、二度目の元の襲来（弘安の役）のときである。

文永一一年（一二七四）一二月三〇日付の執権北条時宗から通有に宛てた書状に、「蒙古人の事により、用意のため御下向の由事承り候」とある（『築山河野家譜・一二一五』）ところから、文永の役で、元（蒙古）軍が敗退した二ヶ月後の一二月には、通有は博多に乗込んでいた。通有は期するところがあり、博多に向かう前に、氏神である大山祇神社に詣で、一〇年のうち元軍が来襲しなければ、元国に渡って敵と合戦すべきとの起請文を書いて、氏神三島社に誓い、それを焼いて灰を飲んで云々と悲壮な決意を示し、かつ一族の武運長久を祈った。当時の幕府は、逆に日本軍が元に侵攻すべきとの戦略を研究していたことが知られているので、起請文の内容と一致する。

ところで、文永の役の直後、元（蒙古）は日本へ使節を送って修好を求めてきた。しかし、執権北条時宗の無視の決意は固く、建治元年（一二七五）四月蒙古使節を鎌倉の滝ノ口で斬殺した。そして、幕府は、長門の要害の地や筑前・肥前の海岸にまで警固番役を置いて警戒に当たらせた。

北条時宗は、建治元年（一二七五）七月、豊後国守護大友頼泰に対し、「戦場に臨み不戦不忠の者多し、不忠之者の交名を注進せよと令す」と厳命し、豊後武士の不甲斐なさに怒りを爆発している。

幕府は、蒙古軍の上陸を許した失敗から、上陸を阻止するため、翌年の建治二年（一二七六）、九州の諸国守護に命じて、構築を始めた博多湾一帯の海岸の石塁（石築地）は、弘安三年（一二八〇）頃には一応完成した。

豊後国の分担は、博多の東の香椎前浜で、領内の石工、人夫を国元から動員して石塁を構築し、そこに豊後国役所を置いた。

他方、元（蒙古）が南宋を征服した後、弘安二年、（一二七九）、皇帝フビライ・ハンは日本再征を企て、まず南宋人を日本へ遣わし降伏を勧告したが、北条時宗の意志は固く使者を斬殺した。

皇帝は、日本遠征を担当する役所・征東行省を設けて遠征軍の編成を急がせ、朝鮮半島南端の高麗の馬山（合浦）から東路軍（元・高麗の連合軍四万、艦船九百艘）と、揚子江の南の寧波から進発して壱岐で合流する江南軍（南宋の降兵十万、艦船三千五百艘）を編成した。

こうして、弘安四年（一二八一）五月三日、高麗の合浦を出発した四万の東路軍は。同月二一日対馬を襲い、二六日には壱岐へ攻め寄せた。

そして、壱岐に逗留して旬日を過ごし、江南軍の到着を待った。

しかし、江南軍はいっこうに姿を現さなかった。それは、総司令官のアラカンが急病を患ってアタハイと交替するという異変があって出発が遅れたためである。

待ちくたびれた東路軍は、江東軍の到着を待たずに行動に移り、六月六日、志賀島で日本軍と戦闘を始めた。

河野通有は東路軍を迎え撃つことになり、石塁を背にしてその前に陣を張り、一挙に勝負を決しようとの態度を示した。『予章記・上蔵院本』は、「日本の軍勢は、博多・筥崎の上下二十里程に陣を取り、海岸に築地をつき、乱材・逆茂木を打ち掛ければ、その高いこと頗る危案の如し、然るに、通有の陣は海面に幕一通りうち廻し、後に却って築地をつくり、これすなわち夷賊もし寄せ来たら、敵方の軍兵を逃さじとの用心なり」と記している。

さすがの西国九州の武士たちも通有の豪胆さに驚いて、「河野の後築地《あとつくじ》」と称した。

敵船に乗込む河野通有（提供河野宣昭）

日本軍は、東路軍が志賀島に仮泊した六日の晩から攻撃を開始した。まず、筑後の草野経永が、夜陰にまぎれて、二艘の小舟で敵船団に忍び寄り、敵船に乗り移って奮戦し、船に火を放って引き揚げた。

続いて肥後の御家人竹崎季長、天草の御家人大矢野兄弟、筑前の御家人秋月種宗らが敵の艦船に乗り移り、竹崎季長が敵将を討ち取った。

元軍ではこれに対抗するため、艦船を鎖でつなぎ合わせ、石弓を乱射して、日本の兵船が近寄れないようにした。

草野経永らの活躍を目の当たりにした通有も大いに奮い立ち、一族郎党とともに夜襲を決行した。

『八幡愚童記』は、「伊予国の住人河野六

郎通宗（有）、（中略）今その時を得たりと勇み立ち、兵船二艘を以って押し寄せたりしほどに、蒙古が放つ弓に、郎党四・五人討ち伏せられ、頼むところの伯父（通時）さえ手負い伏せて、わが身も石弓に左の肩を強くうたれ、弓引くべきにも力及ばねば、片手に太刀を引き持て、帆柱を切って蒙古の船にさしかけ、思い切って乗り移り、さんざんに切りまわって、多くの敵の首どもとり、その中の大将軍と思しき玉冠きたりけるものを生け捕って、前にしめつけ帰りける」と記している。

弘安の役の記録として、竹崎季長の『蒙古襲来絵詞』があり、その中の一枚に、通有の姿描かれているが、「季長が、志賀島の戦いに深手をうけた通有を慰問するために訪れたところを描いたものである」と推定される。（池内宏『元寇の新研究』）

二章　一遍上人は河野時氏

元《げん》（蒙古）は、日本に二度襲来したが、いずれも失敗したので、皇帝フビライ・ハンは、さらに三征をめざして、弘安五年（一二八二）、高麗と江南に命じて艦船三千艘を建造させた。

しかし元の高官の中にも、遠征に反対を唱える者があり、また、交址（ベトナム）に出兵する必要もあって、日本遠征を見送っているうちに、永仁二年（一二九四）、フビライ・ハンが亡くなり日本遠征計画は立ち消えになった。

このような事情を知らない鎌倉幕府は、元の三度目の来襲を予想し、博多の防備を怠らなかった。

幕府は、これまでの戦時体制を維持するために、幕府の強力な指揮が必要であるとの判断から、その統制力をさらに強めていった。

すなわち、弘安四年（一二八一）九月、鎮西奉行大友貞親（母は夜叉、祖母は美乃局）は、九州各地の武士に旅行を禁じ、警固役を継続するよう命じた。

ついで翌五年（一二八二）博多湾に臨む姪浜に奉行所を設け、同九年（一二八六）本来ならば、幕府の支配の及ばない寺社権門領や本所領家一円地の荘官らを、幕府の命令で戦場へ動員できる態勢を整えた。

さらに永仁元年（一二九三）幕府の出先機関、鎮西探題（役所）を設けた。

このような幕府による異国警固が数十年にもわたって続いたため、御家人らの精神的、物質的負担は大変なものであった。

そこで、御家人武士の士気を維持するため、文永・弘安の役の論功行賞を行うことが必要であったが、幕府は、敵の元《げん》から土地を没収したわけではないので恩賞地に苦慮した。

したがって、弘安の役から五年を経た弘安九年（一二八六）になって恩賞の沙汰を始め、徳治二年（一三〇七）にいたるまで二二年間にわたり七回に分けて行なわれた。

それも幕府の直轄地を割いて恩賞に充てるとか、欠所地が出た時にそれを充てるというように、その財源を捻出するのに苦労をしているが、御家人にとっては、とうてい満足できる内容のものではなかった。

御家人の中には、多額の借金を抱える者も多勢いた。

これらの御家人を救済するため、土地を手放した者でも、二〇年以内ならば、御家人役を勤めているという守護の証明があれば、本領を安堵するという「永仁の徳政令」（一二九七年）をだして急場をしのいだ。

このような混乱の世相の中で、独自の仏教思想を持つ一人の仏僧が現れた。それが一遍上人である。

一遍上人は、俗名河野時氏と言い、延応元年（一二三九）伊予国（愛媛県）に生まれた。祖父は、源平の争乱に活躍した有名な武将・河野通信である。父通広は、通信の七男で、晩年は出家して如仏と号し、伊予国の宝厳寺で隠居していた。母は、大江季光（大江広元の子息）の娘と伝えられている。

通広は、通政らと共に西面の武士として朝廷に仕えていたが、病弱のためか承久の乱の頃は郷里の伊予国に帰っていて、乱にまき込まれずにすんだ。

一遍上人は、時宗の開祖で、時衆を引き連れ諸国を遊行し、念仏札（賦算）を配り、盆踊りの元祖と伝えられる念仏踊りによって、悩める庶民の心を掴んで仏教を大衆化し、阿弥陀信仰を諸国に広めた。

すでに、わが国には、奈良期から最澄（天台宗）と空海（真言宗）による、国家安泰を祈願する仏教が存在していたが、鎌倉期になって、これとは別に、法然（浄土宗）、親鸞（浄土真宗）、一遍（時宗）による浄土思想に基づく浄土信仰が台頭して来た。

また、日蓮（日蓮宗）、道元（曹洞宗）、栄西（臨済宗）も台頭し、鎌倉六宗・鎌倉新教と呼ばれている。

鎌倉期になり、武士政治が貴族政治にとって代わったが、相変わらず戦乱が絶えず、また、元の来襲という外圧による社会不安が広がった。

このようなカオスの時代背景から、心の安寧を求めて新しい仏教指導者の説法に、人々は大きな共鳴を覚えたのである。

一遍上人は、辻説法の際に、念仏札（賦算）を配り、共鳴した大衆を引連れて遊行し、あるいは、踊念仏という斬新な布教活動をして、仏教の大衆化に努めた。

それは最澄や空海には想像すらできなかった革新的布教であり、一歩間違えば政治に影響を及ぼす大衆行動に発展する危険性が内包されていた。

【北条と一遍上人の関係図】

北条時政→義時→泰時・・・時宗

北条時政→娘

娘―河野通信

娘→通政（承久の乱で斬首）

河野通信→通広（母は諸説あり）→一遍上人（母は大江広元の四男季光の娘）

【一遍上人関係図】

河野通信（朝廷方のため配流）
↓
- 通政（朝廷方のため斬首）
- 通俊
- 通広→時氏（一遍上人）
- 通末（朝廷方のため配流）→四郎左衛門行通
- 通久（幕府方恩賞あり）→（通継・通有）
- 美乃→竹御所

【一遍上人関係図】

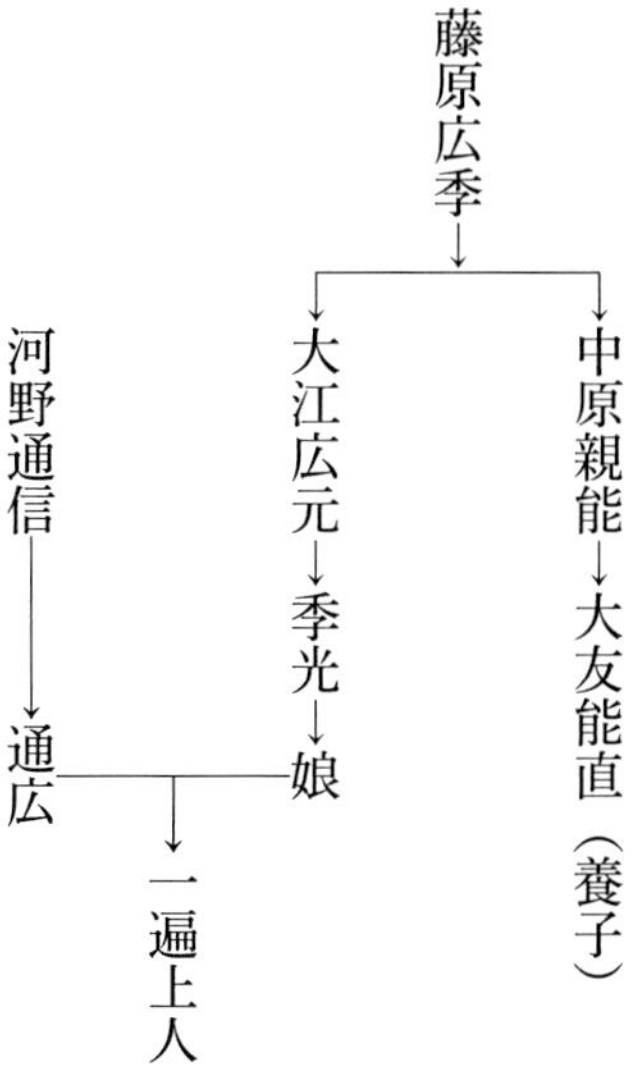
藤原広季
中原親能
大友能直（養子）
大江広元
季光
娘
河野通信
通広
一遍上人

三章　捨聖・一遍上人と大友頼泰

一遍上人は建治二年（一二七六）「衆生を度せん（救わん）ため」に九州遊行を始めた。まず筑前国から大隅国に入ったことは、『聖絵』で確認される。

「筑前のある武士の屋形では、この汚れてみすぼらしい狂惑者に見える一遍に対し、その屋形の主は、庭におりて礼儀正しく念仏を受けた。

酒宴に招かれていた客人が、どうしてあんな者の念仏を受けたかと詰《なじ》ると、武士は、「念仏に狂惑なきがゆえなりと答えた。」『聖絵一二』

後に一遍は人に語って、「普通の人は人を信じて法を信じないのに、あの人は法により、人によらずという道理をよく知っていた」とほめた。ここに、人とか、さらには仏像とかではなくて、真理である法を尊ぶ一遍教学の真髄があらわれている。

それから、九州の西海岸にそって南下する遊行の旅は孤独で、結縁の人も少なく、供養を受けることも稀であった。

大隅八幡宮（現鹿児島県霧島市隼人町鹿児島神宮）で受けた神の啓示による歌とされる「とことはに（永久に変わらないことは）、南無阿弥陀仏と唱えれば、なもあみだぶに、むまれ

（生まれ）こそすれ（聖絵一三）」は、のちの宗門で尊ばれるようになった。

一遍上人は、大隅国から薩摩国・日向国を経て豊後国に入り、建治三年（一二七七）から弘安元年（一二七八）夏まで逗留し、各地で遊行をし、多くの信者を得た。

その間に、「豊後守護大友頼泰は一遍に帰依し奉った。さらに、後に時宗の第二開祖となる真教（他阿弥陀仏）は、始めて同行相親の契を奉りぬ。惣して同行七、八人相具して、弘安元年夏の比に与（予）州へ渡って帰国した。」『一遍聖絵・遊行日鑑』

前述したように、その頃、博多の守護所で奉仕していた大友頼泰は、上人が豊後国に来るとの知らせを受け、急いで帰国し府内の大友屋敷に戻って来た。

頼泰の叔父能基は、河野通信の娘を娶ったが、上人は、通信の孫であるから、二人は姻戚関係で結ばれている。

色々な課題を抱えて、悩み続ける頼泰は、この縁故のある高僧から、法話を聞いて心の安らぎを得たいと切望していたに違いない。

まず、執権北条時宗と連署義政の文永の役に関する衝撃的通達である。

「異賊（元）、去年襲来の時、あるいは戦場にのぞんで進闘せず、あるいは当境を守ると称してはせ向かはざる輩多し、との聞あり。はなはだ不忠の科《とが》を招くか。向後、もし忠節を致さざるならば、注進にしたがい、厳科（刑罰）にすべきなり。この旨を持って、あまねく御家人等に相触れしむべき状、仰《おおせ》によって執達、件《くだん》のごとし。北条時宗、連署北条義政」

これを要約すると、豊後武士は、戦場に臨んで進み戦わず、中には当境を守るといい第一線に出ない者が多いと聞く、甚だ不忠者である。此等は厳科に処するので交名を報告せよとの厳しい通達である。

次に、建治二年（一二七六）閏三月一五日、禅季から頼泰に出された申請である。

禅季は、豊後国大野庄志賀村近地名の地頭で、頼泰の従兄弟に当たり、志賀泰朝（志賀氏の祖）の弟であるが、祖母深妙の沙汰で叔父能基の養子となった。

弘安の役に、兄泰朝に従って従軍したが、そのときの軍功はすべて兄のものとして、幕府に注進された。これに不満を持った禅季は、博多の異国警固について、大友当主頼泰（三代）からの求めがあれば奉仕するが、志賀家の惣領である兄泰朝の求めに応じないとの申出（警固番役の独立勤仕）を、頼泰に申請したのである。この処理を誤ると、泰朝（惣子）と禅季（庶子）の対立に頼泰が巻き込まれる危険が予想された。

このような折に、一遍上人は、遊行のため豊後国を訪れたのである。

ある日、豊後府内上野原の大友屋形に、頼泰は、一遍上人を招き入れ奉り、上人に帰依し奉った。そして、頼泰は上人に衣などを給い奉った。二人は暫く法門などを互いに談じ合った。

ところで、時宗は法名に「阿」の字をつける特徴がある。その特徴を頼りにして、『速見郡史』所収の『諸家系図纂・大友系図』を見てみると、頼泰の弟の重秀（戸次次郎・法名仏阿）と頼宗（野津五郎・法名阿一）である。

そのほかに、後述の木付氏も時衆であった。能基の子大野基直の後妻善阿も時衆とおもわれる。風早禅尼深妙と禅季は、「禅」が付いているので禅宗徒と思われるが、禅宗が普及したのは一四世紀になってからといわれているので、後世になってから「禅」が用いられた可能性も否定できない。

また、『聖絵』には描かれてはいないが、一遍上人は別府の鶴見社祠を訪れて、楠木に名号を刻んだ。さらに、上人のため、頼泰は、鉄輪の地に温泉山松寿寺（現永福寺）も開創し、上人の幼名、松寿丸から、寺号を松寿寺とつけたと伝えられている。

ところで、八坂郷木付荘に竹の尾城があった。二代城主能重は、頼泰の従兄弟で、一遍上人に帰依していた。「能重は、文応元年（一二六〇）四月、父親重の冥福を願い、速見郡八坂郷元八坂下庄木付迫《せり》に、時宗寺、来福山迎称寺《こうしょうじ》を建立した。」（『杵築郷土史』五頁）

しかし、親重の没年は、弘安八年（一二八五）二月一八日であるから、迎称寺の建立は親重の没年より後でなければならないにもかかわらず、二五年も前に建立されたとする記事は、時代が符合しない。しかし、次のような歴史的事実があるので、少なくとも弘安八年（一二八五）

以後に時宗寺迎称寺を建立されたことは間違いない。

二代木付能重は、元亨二年（一三二二）死没したが、迎称寺の法名は、高樹院殿前大蔵丞営行正阿弥陀仏である。三代木付貞重は延元元年（一三三六）正月一四日京都で没したが、迎称寺の法名は、求性院前大蔵丞法厳浄阿弥陀仏。四代木付頼直は応永一二年（一四〇五）三月一八日没したが、迎称寺の法名は、宝樹院殿木付中興大蔵丞澄厳広輔阿弥陀仏である。

ところが、五代木付親直は応永一九年（一四一二）七月一一日没したが、法名に阿弥陀仏が付いていないので、親直の時代に迎称寺が鴨川に移転した際、宗派を時宗から浄土宗に改宗し、寺名も迎接寺《こうしょうじ》に変えたと思われる。迎接寺は現在も杵築市鴨川に存在している。

ところで、弘安一一年（一二八八）三月二〇日、大友頼泰の嫡男・四代当主親時は、豊後国大野郡大野荘の東西阿弥陀堂（泊寺の境内の御堂と推定）の時衆からの申出に関する状を発給しているので、この時、東西阿弥陀堂では時衆による勤行、祈祷が行われていた。

東西阿弥陀堂については詳しく後述するが、この御堂でも、弘安の役の異国降伏の祈願が行われたであろう。

もう一つ特記すべきことは、一遍の後継者真教を豊後国で得たことである。

当時、真教は現大分市の近郊にある瑞光寺にいた浄土宗鎮西派の僧で、一遍より二才年長の四一才であった。

草庵における一夜の閑談を契機に師弟の契りを結んだことは『奉納縁起記』に詳しい。この時真教は「他阿弥陀仏」という仏号を一遍から受け、後継者となることが運命づけられた。弘安元年（一二七八）夏、一遍上人が、豊後国速見郡の上人ヶ浜（別府市）から伊予に帰るときは、真教はじめ同行七、八人の随逐者があった。それまでは孤独の旅であったので、はじめての仲間を得たわけで、これがいわゆる「時衆」の始まりである。

こうして、弘安元年夏に、一旦伊予国に帰国したが、豊後国で大友頼泰から叔父河野通末と祖父河野通信の墓所の在所を教えられていた。

半年間の準備期間を経て、翌弘安二年（一二七九）の早春、一遍上人は、真教などの時衆を伴い、信州、奥州へ遊行に出掛けた。

八月、京都を発った一遍上人は、四八日目に信濃善光寺に詣へり、千曲川沿いに南下、目指すのは、承久の乱で敗れて、配所で没した叔父通末の霊の眠る信濃国佐久郡伴野小田切の地（現長野県佐久市臼田中小田切）である。

「ある武士（小田切氏か）の館の庭の一隅に祀る、通末の墓前にささげた鎮魂の踊りが、以後一遍時衆の行儀としての踊念仏になった。『聖絵』に描かれている、踊りの輪の中で鉦を打っているのが、嘗《かつ》ては一遍の妻であり。今は法弟である超一房である。

冬の佐久路を北上する。伴野の市庭（現長野県佐久市野沢）には、伴野氏居館址ならびに時宗の名刹金台寺がある。大井太郎の館（大井荘の中心地、現佐久市岩村田付近）、平原大井の館（現佐久市平原時宗十念寺付近）などに踊念仏の跡を残した。栗田勇『一遍上人―旅の思案者―』

いよいよ、次の目的地は、祖父河野通信の眠る奥州江刺である。

寒期の碓氷峠越えは難行であったであろう。上野国に入って大きい宿場板鼻での賦算《ふさん》は、その後にできた古刹聞名寺の存在によって、その成功を知ることができる。ついで、下野国小野寺、当時天台宗大慈寺があり、のちに時宗住林寺ができた。

一遍上人は、白河の関から奥羽を目指した。

奥羽合戦の時、右大将頼朝の率いる中軍も白河の関を超えた。中軍の武将、豊後守季光、主計允行政、式部太夫親能、大友左近将監、河野四郎通信が随行している。

あれから、九〇年後、まさに、一遍上人は、祖父通信の歩いた同じ道に足を踏み入れた。白河明神（現福島県白河市旗宿白河関址）に芭遊行の跡を残して、一路北上、目指すは祖父通信墳墓の地奥州江刺である。

承久の乱に敗れた通信は、奥州総奉行平泉検非違使葛西清重に預けられ、稲瀬議極楽寺末安楽寺に閉居させられ、二年後の貞応二年（一二二三）五月一九日、六八才をもって逝去した。

葛西清重もまた中軍の武将で戦友である。
　一遍上人が奥州江刺を訪れたのは、承久の乱から五七年後のことである。墓は安楽寺の近くにあり、地元では長く「聖塚」とだけ伝えられて来ていたが、昭和四〇年、安楽寺住職によって通信の墓と断定された。
「奥州江刺の郡に入り、祖父通信が墳墓を訪ね給うに、人常（人は永遠）の生なく、家常《とこしえ》の居（家は永遠の居）なければ、只、白楊（白い柳）の秋風に東岱《ひがしたい》（東山）の煙のあとを残し、青塚の暮れの雨に北芒の露涙をあらそう。夜とて荊棘を払いて追孝報恩の勤めを致し、墳墓を巡り、転経念仏の功を積み給う。まことに一子出家すれば、七世の恩所を得脱する理なれば、亡魂定めて懐土望郷の昔の夢をあらためて、華池宝閣の常楽（永遠の楽）に移り給いならんと、殊に頼もしくこそ覚え侍れ。
　儚《はかな》しな暫時屍の朽ちぬ程野原の土は他所《よそ》に見えけり
　世の中を捨つるわが身も夢なれば誰《たれ》をか捨てぬ人と見るべき
　身を捨つる捨つる心を捨てつれば思いなき世に墨染めの袖」『一遍聖絵・遊行日鑑』
　奥州遊行の最大の目的を果たした一遍上人は、冬の奥州路を南下、平泉・松島・塩釜を経て、常陸を通り、武蔵国石浜（現東京都台東区石浜）に着いたのは弘安四年（一二八一）であったから、二年掛かりの墓参と遊行であった。

この後、一遍上人は当麻（現神奈川県相模原市当麻、無量光寺がある）の地を経て、ながさご（現藤沢市長後という説が有力）を通って鎌倉入りを目指した。

弘安五年（一二八二）春、鎌倉入りを前にして一遍上人は、鎌倉入りの作法にて化益《きょうけ》（教化して善に導き利益《りやく》を与える）の有無を定むべし、利（一遍の思想百利口語《ひゃくりくご》を指す）絶ゆべきならば、是を最後と思うべき由（聖絵）を示し時衆たちに覚悟を促した。

もし化益が出来なければ、死を覚悟せよというのであった。

三月一日、一遍上人は、巨福呂坂《こぶくろ》から鎌倉に入ろうとすると、乗馬の武士を先頭に一行を阻止した。応答のあげく一遍上人がひらきなおりって「ここで臨終すべし」というと、最後に武士が鎌倉の後は御制にあらずと述べるので、その夜は山中の道端で野宿した。

すると、念仏している時衆のまわりに鎌倉中の道俗が集まり、食物などの供養を受けた。

そして翌二日、迂回して片瀬（現神奈川県藤沢市片瀬町）に到り、館《やかた》の御堂に四日間滞在し、断食して別時念仏を行じた。

その後、往生院に招かれさらに片瀬の浜の地蔵堂に移ったところ、果たして「貴賤雨のごとくに参詣し、道俗雲のごとくに群衆」（聖絵）した。

ここでは板葺きの踊り屋（道場）を仮設し踊念仏を行じた。踊り屋を造って踊ったのはこれがはじめで、以後しばしばこのような図が見える。

この片瀬における賦算の成功をはじめとし、以後至る所で歓迎を受け、おびただしい道俗が化益を受けた。

このあと、一遍上人は北条時宗と会って懇親しているが、時宗正史にはその記述はない。


【補説】

「一遍上人は捨聖《すてひじり》と呼ばれています。

念仏者は、知恵も捨て、煩悩も捨て、善悪の境界も捨て、貴賤も捨て、地獄を恐れる心も捨て、仏教の悟りも捨て、一切のことを捨てて申す念仏こそ、阿弥陀仏の本願にかなうものなのです。

このように、一遍は語っています。すべてを捨てた境地で称名念仏すれば、もはや仏もなく我もなく、すべてが念仏となる、そう言います。

仏道を、たったひと言、「捨ててこそ」と言いつくした一遍は、念仏も信心も捨てて、すべては、南無阿弥陀仏と無境界化する仏道を提示しました。そして遊行しながら踊り念仏する形態は、多くの芸能や半僧半俗の境界人を生み出したと言えるでしょう。」（釈徹宗著『法然親鸞一遍』引用）

第三編　大友能直と河野和泉守

一章　大友能直の出自

河野通信と大友能直は共に頼朝の御家人である。通信の出自は四国の伊予国（愛媛）風早郡河野郷の豪族である。

他方、能直の出自について諸説があって、頼朝の御落胤説・父近藤能成説が代表的学説である。大友氏の家柄は、相模国大友郷々司で相模国府の在庁官人（郡司の下職）で、母利根局の実家と伝えられている。能直は中原親能の養子となり、鎌倉幕府内に人脈を築いていった。親能の弟は大江広元で、頼朝の最側近の一人で、二階堂民部信濃入道行政と共に、頼朝の文書の発給に携わっていた能吏である。

能直の出自について、古くから頼朝落胤説があり、戦前に太田亮がこれを否定したことで、その後の歴史研究者の中に同調者が現れた。

頼朝落胤説は、島津忠久、安達盛長についても存在し、いずれも真偽が争われている。

『大友能直公御一代記』によると、

「大友従四位侍従藤原朝臣能直公は、正二位大納言右大将源朝臣頼朝公の御庶子にして、御母は源氏の旧臣上野国波多野の住人利根郡司大友相模守経家の娘大友局と称す。

妊娠あるに及んで、御台所政子の方、深く疎《うと》まれければ、右幕下之を憂い給いて、局の姉夫斎院次官藤原親能に預けられる。

承安二年（一一七二）正月三日安々と御誕生あり。御幼名を一法師と申し給う。右幕下大いに悦あり、親能に命じてその養子と為さしめられる。

御成人あるに及んで、容儀に優れ、智謀他に異なりければ、九歳の御時より右幕下御側近く召使はれ御寵愛浅からん。

文治四年（一一八七）一二月一四日右幕下の命を蒙り左近将監に任じ、従五位下に叙し能直と名乗り給う。」とある。

また、『吾妻鏡』文治四年（一一八七）一二月一七日条に、

「式部大夫親能男一法師冠者能直、任左近将監之由、参賀営中、是、無双寵仁也、依御内挙、去一〇月一四日、雖拝任、此之間、病阿侵、住相模国大友郷、今日始出仕云々則御前」とある。

しかし、ＤＮＡ鑑定等の科学的検証は不可能であるから、いずれの学説が正しいか判然としないというべきである。

大友氏の出自については、「波多野氏の本領は、相模国大住郡の波多野本荘であったらしい。保延三年（一一三七）に同荘を、波多野遠義が子義通に譲っており、相当古くからこの地を領有していたようである。義通は頼朝に属し、保元・平治の乱で働き、のち本荘北方を弟義景に譲った。義景の兄弟は、隣郡足柄上郡の河村郷。大友郷（のちに足柄下郡に属す）沼田郷・曽比郷・菖蒲・柳川等を領し、義通はさらに松田荘をも領したので、足柄上郡はほぼ同氏の勢力下にあったといえる。義通の弟の経家は右の内大友領を領していたのである。もともと当郷は足柄上郡に属していたが、のち下郡に移管された。古くは大伴郷と書き、四天王寺の封土五〇戸があり、これが荘園化して大友荘となった。現小田原市の東大友・西大友・延清付近の地が同荘の故地と考えられる。」（渡辺澄夫著『大友能直の出自について』引用）

二章　大友能直の豊後下向

大友能直の豊後国下向については、豊後守護補任及び神角寺合戦と交錯して諸説が存在する。下向肯定説・否定説に分かれ、肯定説はさらに建久四年説・建久六年説・建久七年説・建永元年説に分かれる。

これらの混迷の原因は、鎌倉幕府の正史と位置付けられる『吾妻鏡』に、建久七年・八年・九年の記事が欠落しており、公家九条兼実の日記『玉葉』等にも記事が存在しないからである。

なぜ、『吾妻鏡』に空白というべき異常な事象がおきたのであろうか。

そこには、平家政権を倒して源氏政権を樹立した頼朝の死が強く影響している。

すなわち、建久九年（一一九八）一二月、頼朝は相模国の相模川に架かる橋の落成式に出席して、鎌倉に帰る途中で落馬し、翌年の建久一〇年（一一九九）一月に亡くなったと伝えられている（異説在り）。

次に、能直の豊後守護の補任の有無についても論争がある。

建久六年（一一九五）四月一五日、能直は、頼朝の石清水参詣に随行したが『吾妻鏡』、その時の官職が、豊後守護でなく左近将監であった。それと関連して、能直の養父である中原親能の豊後守護説も存在する。

さて、大友能直の豊後国下向に話を戻すと、『編年大友史料正和以前二五三号』に、能直の豊後下向について記事があるが、渡辺澄夫教授は、これを後世の偽作と評価して、能直の豊後下向を否定した。しかも、二代の大友親秀についても豊後下向を否定し、三代頼泰の時代になって、初めて豊後に下向したとの説を唱え、有力説となっている。

大友能直の豊後下向の有無は、その後の、高崎山城・都賀城・神角寺城の合戦有無にも関連するので、下向否定説は神角寺等合戦をも否定する。

しかし、肥前国住人、源壱が神角寺等合戦に参戦したことを記した史料の存在によって、渡邊教授は、能直の弟・古庄重吉の率いる頼朝軍が、豊後国に上陸し、神角寺等で、かなり大規模な合戦があったことを認めたが、その時期について、一一九六年よりも後ではないかと推論するが、能直の豊後下向については依然として否定説を維持している。

そこで、豊後下向肯定説の立場から、論拠となる史料の存在を指摘する。

前述したように、『大分県史中世編』承元三年（一二〇九）一二月一一日付『将軍家政所下文』に「筑後国神蔵荘近部鳥栖住人左衛門尉藤原能直」とある。

これは能直が鳥栖の住人で且つ藤原姓を名乗っていることから、その頃能直が筑後国の国主（国司兼守護）であったことの証拠である。

従って、能直が筑後国に下向していれば、隣国の豊後国に下向しなかったとは考えにくい。

さらに『豊城世譜』に「承元二年（一二〇八）、能直は豊後国木付村の若宮八幡社の社殿が荒廃しているので、造営奉行に御家人衛藤長門三郎國常に建替を命じた」とある。

また、安岐郷田原別府の田原若宮社の社伝に「豊後守護豊前守藤原朝臣能直、威霊ヲ験ジタル為神領百貫地永代寄付」とある。『大田村誌』

藤原朝臣能直とあるので、豊後・豊前国主（国司兼守護）であったと思われる。

ところで、建久六年（一一九五）、頼朝は、九年間も鎮西奉行を務め、鎌倉に戻って来た天野遠景から、鎮西の諸情勢について報告を受けて、豊後国に大野一族などの頼朝の抵抗する勢力の存在を知り、この勢力（悪党）を討伐する決断したと推測される。

編年大友史料正和以前二五三号所収の『大友文書』によると、

「建久七年丙辰正月一一日、能直被補豊前・豊後両国守護職兼鎮西奉行、三月一一日使古庄四郎重能先発、四月一六日大野郡神角寺山攻、大野九郎泰基殺之、六月一一日能直自卒方三郎惟栄為先導入国云、阿南次郎惟家陣高崎山、弟弥次郎家親拠鶴賀城、大野九郎泰基其拠、大野郡神角寺、共抗」とある。

すなわち、建久七年正月一一日、大友能直は豊前・豊後の守護兼鎮西奉行に任じられた。同年三月一一日、古庄四郎重能が使となり先発した。四月一六日豊後国大野郡神角寺を攻める。同年六月一一日、大友能直は自ら頼朝付隋の騎士七二騎と卒従一八〇〇余人率いて、豊後国速見郡浜脇浦に上陸した。豊後国中の武士はこの情報を知った。緒方三郎惟栄は先導して豊後国に入国した。

阿南次郎惟家は高崎山に陣し、弟阿南弥次郎家親は鶴賀城に立籠もり、大野九郎泰基は大野郡神角寺に立籠って、共に抵抗した。

この大友史料についても、下向否定説は後世の偽作としている。

ところが、承元二年（一二〇八）四月一〇日付『平戸松浦家史料所収肥前国石志文書』に、「石志壱《いしさかん》が石志村の所領を嫡子潔に譲与したものであるが、その中に豊後国大野九郎謀反之時、壱（源壱）令豊後上剋《かつ》」とあるので、豊後国大野九郎謀反、すなわち、高崎山城、鶴賀城、神角寺城における大野一族の合戦を認めざるを得なくなった。

そして、前掲『大友文書』中に、「能直自卒頼朝付随の諸士七二騎」と記されているものの、これまで名簿の存在が確認できなかったが、『御一代記』の公開によって、その名簿の存在が明らかにされた。

その名簿には、七二騎の内七一騎の名前があり、一騎足りないがそれは大友能直自身である。そうすると、前掲『大友文書』と前掲『名簿』とで員数が完全に一致する。

以下名簿を転載する。

「熊一太郎次郎・二宮備中守・三宮日向守・長岡大炊頭・奈須野大膳夫・橋本衛門頭・安東備中守・日隈信濃守・久多良木筑前守、柳井主膳正・三島下野守・大久保弾正・生野武蔵守・一川但馬守・小佐井土佐守・矢野和泉守・高岡三郎・松田三河守・小田小源太・右田左衛門尉・原遠江守・宇野□□□・佐藤伊豆守・後藤常陸守・首藤石見守・長野左衛門尉・野崎刑部太夫・利光兵庫介・遠藤摂津守・内藤備後守・赤司八郎・姫島備前守・若林美濃守・小野主殿頭・仁戸田八郎次郎・松崎五郎左衛門。菅三郎・斎藤伊予守・河野和泉守・須美淡路守・甲斐三河守・本田伊勢守・重藤内蔵助・藤田丹後守・山林武蔵守・土肥大炊亮・矢田権之丞・高橋河内判官・熊谷三郎・森下因幡守・吉田太郎次郎。牧大学頭・峯豊前守・吉良下野守・三浦太郎・清水清八・堀下総守・溝口権兵衛尉・平川主水・神田三右衛門・木田市之正・村上左衛門・加藤隼人・仁田信濃守・馬見塚山城守・大和河内守・谷大膳太夫・帆足兵衛丞・吉田能登守・釘宮佐渡守」(騎士の人数七一人である)。

以上の考察によって、建久七年(一一九七)六月一一日、大友能直が豊後下向したとする、建久七年下向説が妥当である。

三章　二階堂民部信濃入道行政と河野和泉守

さて、大友能直が直卒した騎馬武者中に「河野和泉守」を確認できる。『御一代記』しかし、この名簿には河野「和泉守」とだけ記されていて、通称・諱《いみな》を記していないので、『予章記河野氏系図』において、人物を特定できない。そこで、他の史料によって和泉守の足跡、時代背景等の周辺事情、血族関係から比定する。

まず、『御一代記』の騎馬武者の名簿が、建久七年（一一九六）の頼朝の派遣した騎馬隊の騎士であるところから、河野和泉守が、一二世紀後半から一三世紀前半にかけて活躍した武士で、頼朝の御家人の一人であったことに間違いはない。そこで、頼朝の御家人中で河野姓を名乗る人物と言えば、伊予国の河野通信とその子息に絞られる。

次に、河野通信であるが、通信が和泉守という官途を冠したと云う史料はなく、また、大友能直よりも一二才も年上であるので、通信が和泉守であるとの可能性はほとんどない。

前掲『諸家系図纂』上の通信の子女は、通政、通末、通久、通広、通康、通俊と女子美乃局が確認され、その中から豊後国と関係が認められる人物を探す。

弘安八年の『豊後国図田帳』の「国領国埼郷三〇〇町、領家松殿二位中将御跡地頭職信濃入道殿跡而在」という記事である。

この記事によると、前掲図田帳が作成された弘安八年当時、豊後国国崎郷は国領であった。

それ以前は、松殿二位中将が領有していた。松殿二位中将とは、松殿師家《まつどのもろいえ》（一一七二〜一二三八）のことである。平安末期に、権大納言、内大臣、摂政に補任された公卿で、後白河法皇、平清盛に繋がっていた。したがって、平安期、国崎郷は平氏が支配していた。その証拠に国東には今も平重盛（清盛の子）伝説があり、重盛を祀った小松神社が見地にある。

そのため、源平の争乱における平家の滅亡によって、国東郷は頼朝に没収されて国領になった。

頼朝は、日本の惣地頭であったから、御家人を地頭に補任した。国崎郷の地頭は信濃入道であった。信濃入道とは、二階堂民部信濃入道行政（以下二階堂行政という）のことである。

二階堂行政は、頼朝の御家人で幕府の有能な官吏の一人であり、奥羽合戦に中軍として従軍し、二代将軍頼家のとき鎌倉一三人衆に選ばれている。

行政の妻は熱田宮大宮司藤原季範の娘で、頼朝の母・由良御前と姉妹である。そして、河野通信と行政の娘とが結婚して生まれた子息が通末である。『予章記河野系図、通末の注記』

国東郷の地頭職は、二階堂行政から行珍まで相伝されたが、行政は孫の通末を国東郷地頭代官に任じたと推定される。（『吾妻鏡』、『予章記・河野系図』から推定）

もしそうであれば、河野通末は、地頭二階堂行政に代わって国埼郷を巡察し、年貢を徴収して鎌倉へ運んでいたと思う。通末は、大友能直とともに豊後に下向したあと、地頭二階堂行政の代官として奉仕し、その曾孫四郎左衛門行通（板山波多方河野氏祖と推定）・行真とその末裔に代官職は相伝されたと推測する。

【年表3】

元仁元年（一二二四）北条泰時執権
嘉禄元年（一二二五）北条政子没、八月二七日葬儀竹御所沙汰
嘉禄二年（一二二六）四代将軍頼経新御所移転行列、筑後四郎左衛門尉
寛喜二年（一二三〇）頼経と竹御所婚姻
貞永元年（一二三二）竹御所鎌倉大慈寺新阿弥陀堂建立
文暦元年（一二三四）竹御所没、河野通久・藤北能基七月二九日葬儀参列

【関係図】

藤原季範→由良御前
藤原季範→女
義朝―由良御前→頼朝
女―二階堂行政→女
女―河野通信→通末
通末→四郎左衛門行通→通秀→通時→通孝
通末→行真（『吾妻鏡』康元元年正月四日条）

【中世期における豊後国国崎郡国崎郷の支配者】
豊後国国崎郡国東郷、国領
地頭は二階堂信濃民部入道行政
地頭代官河野和泉守通末→四郎左衛門行通→通秀→通時（推定）
正平六年（一三五一）、足利尊氏が田原貞広へ恩賞として国東郷の地頭職を与えた。以後国東郷は田原氏の所領となった。

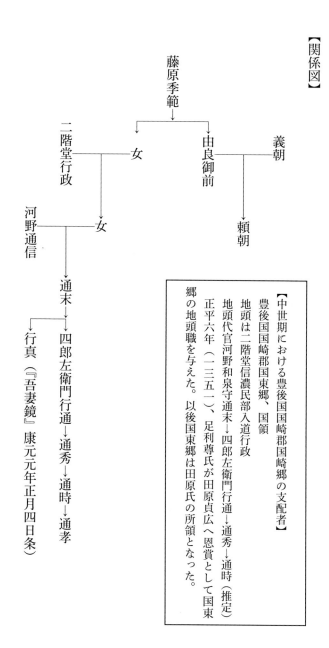

行通と行真の関係は、「行」が通字であるので、親子か兄弟と推測されるが、板山河野氏伝承に照らせば、兄弟が有力である。通孝は波多方板山河野氏の祖で鎌倉から豊後へ移住し定着したと推測される。

河野和泉守が河野通末と比定する間接的歴史的事実がある。

それは、すでに述べた通り、一遍上人の父通広は、通末と異母兄弟で、上人は豊後国遊行の一年後、信濃国佐久にある叔父通末の墓所を詣でたことである。

上人の豊後遊行は、建治三年から弘安元年の夏まで一年以上逗留していたことが、史料から判明するが、その間の行動についてはあまり知られていない。大友頼泰が帰依して衣を奉ったこと、別府の鶴見社祠を訪れて楠木に名号を刻んだこと、頼泰が鉄輪の地に温泉山松寿寺（現永福寺）も開創したこと、真教（第二開祖）という僧に出会い仲間が出来たこと等がと伝えられている。しかし、それらは大分市と別府市に集中していて、その外の土地で遊行をした史料は見つからない。

遊行の目的の一つが、信者を増やすことであったことは間違いなく、頼泰の許しを得て、一年の間、布教のため豊後国内を駆け巡り、信者を獲得したと思われる。

頼泰の弟の戸次次郎重秀（仏阿）と野津五郎頼宗（阿一）が住んでいる、大野郡戸次村や野津院、そして、弟木付頼重の居城竹ノ尾城のある速見郡木付村にも、遊行のため訪れていると思われる。

そうだとすると、大野郡大野郷下村、中村、上村や、国東半島では、国東郷（地頭代官河野通末）、戸次氏の所領の田原別符の波多方、速見郡の日出、大神、藤原なども訪れていた可能性を否定できない。

このような豊後国における一遍上人の遊行と、その一年後の信濃佐久の河野通末の墓参は、河野和泉守が通末であるとの比定を強く印象付ける。

四章　河野通末と泊寺・泉屋敷

豊後国大野郡大野荘藤北に、「泉屋敷」が存在していたことが、次の①～③の史料によって確認される。

①　弘長二年（一二六二）八月三日の沙弥明真と藤原基直の連書状に「大野庄下村内於泊寺院主職者、可為師公（禅季）之沙汰、但言彼寺之勤行、言地頭之祈祷、任先例可致其沙汰之状如件」とあることから、鎌倉期、豊後国大野郷大野荘の下村に「泊寺」という寺院の存在が確認される。

②　弘長三年（一二六三）七月二日の尼深妙の譲状に「禅季をば、尼並故殿が孝養をもせさせんがために、とりわけ法師に成って「風早の墓堂に令置之間、如此相計者也」とあり、禅季を僧侶にし、風早墓堂に置いて、自分（深妙）と夫である大友能直の孝養をさせるよう計るとある。（後藤重巳論文『泊寺乱入事件の歴史的背景』）

③　文永二年（一二六五）三月二三日、深妙の禅季に宛てた置状に、「右任明真房之譲、禅季阿闍梨早可令寺務、乃彼寺領田畠山野泉屋敷田畠等、悉領知之、限永代可相伝領掌、専修将軍家御祈祷、殊可祈二門之無為者也」とあるところから、「彼寺領田畠山野泉屋敷田

畠等」について、明真（能直の九男能基）から禅季に対する譲与を、深妙が安堵した。

以上のことから、深妙は禅季に、泊寺院主職と、彼寺領田畠山野、「泉屋敷」田畠等を譲渡したが、それは、禅季が、院主の寺務を執り、勤行を勤め、地頭及び将軍家の祈祷、自分（深妙）と能直の孝養を勤めることを、禅季に託したものと読みとれる。

ここで、注目すべきは、③文中の「専修将軍家御祈祷、殊可祈二門之無為者」である。
①では、「地頭之祈祷」、②では「尼並故殿が孝養」を託し、③で初めて、「専修将軍家御祈祷、殊可祈二門之無為将軍家」を託し、総軍家のための祈祷と、将軍家と大友家の二門の永劫の祈願を託している。おそらく、この時期に、大友家は、竹御所（美濃（乃）局の娘）を通じて深めた将軍家との関係が、竹御所の死、頼経と頼嗣の死によって、途絶えたことに対する深妙の落胆から、竹御所・頼経・頼嗣に対する報恩供養と将来の将軍家と大友家の弥栄の祈願をも託した、深妙の深淵な配慮が読み取れる。
そこで、このような深妙の様々な願いを込めて、深妙から禅季に譲与された泉屋敷と泊寺について検討する。

まず、③から、明真房（大友能直の九男能基を指す）が禅季（能基の養子）へ譲渡したものは「彼寺（泊寺）領田畠山野」と「泉屋敷田畠等」の両方であるから、当時は、両方が一つの財産と考えられていた。

次に、③の書状は、深妙から禅季に宛てた置状という形式の文書で、泉屋敷と泊寺について、明真房（能基）が禅季に譲渡することを深妙が安堵（確認）するという、まわりくどい表現になっているが、深妙が譲渡を安堵したことで明真房の禅季に対する譲渡があったことが読み取れる。

ところが、後に詳しく述べるが、結局、禅季が、前述の深妙の遺志に背いて、泊寺の勤行、祈祷はせず、能直の墓守もせず、挙げ句の果てには、泊寺・泉屋敷までも売却したのである。

すなわち、弘安六年（一二八三）、禅季は、能基（明真房）の子息の基直（大野）の後妻善阿（時宗の特徴「阿」）に対し、泊寺を銭一五〇貫で売却した。

「奉譲渡舎兄志賀太郎（泰朝）入道殿豊後国大野庄下村泊寺院主兼地頭職事
右件寺者、自祖母深妙・養親明真房（能基）之、□譲得之、知行領掌無相違、而依直用、去弘安六年之比、相逢大野基直後家尼善阿、売渡直銭悉百五十貫文畢—略—永仁五年（一二九七）八月五日　　僧禅季（花押）」。『僧禅季譲状』

この史料は、禅季が善阿に一五〇貫文で売却した泊寺と泉屋敷について、永仁の徳政令によって、善阿から禅季に返戻されたものを、さらに、禅季が兄志賀泰朝に譲渡する譲状の内容の一部である。

その時代、わが国に流通していた通貨は渡来銭で、銭一〇〇〇枚が一貫文の割合と仮定して換算すると、一五〇貫文は一五万枚である。善阿がどうしてそんな大金を持っていたのか不思議であるが、善阿の夫の大野基直が能基の子息で、その母は伊予国の豪族河野通信の娘であれば調達不可能な高《たか》とは言えない。

また、禅季が泊寺を売却した理由、大金の使途について、判然としないけれども、後に泊寺の売却につき、大野荘の領主である京都の三聖寺から相論（訴訟）が提起され、幕府の安堵（確認）が得られないまま日時が経過していたところ、永仁《えいにん》の徳政令（一二九七年）によって泊寺は売主禅季に戻された。この時、善阿から禅季に泉屋敷も戻されたけれども、徳政令によって、禅季は善阿に銭一五〇貫文を返戻する必要はなく、そのため善阿は大損した筈である。

豊後国大野郷大野荘は、三聖寺の寺領であり、その地上の泊寺と泉屋敷は、大友能直→妻深妙→能基→禅季→（売却）→善阿→（徳政令）→禅季→（譲渡）→志賀泰朝と移転した。

この泊寺は、河野通末（和泉守）が建立し、能直に寄付したものと考えられる。

その根拠は、『志賀文書』所収深妙の惣配分状に「九郎入道分同庄（豊後国大野庄）内下村地頭職、但故豊前前司墓堂寄付院主職」とある。

この但書の読み方について、寄付が「墓堂」に係るのか、「院主職」に係るのかで説が分かれるが、「院主職は、深妙から能基に譲られている」ところから、「寄付」は、河野通末から深妙に寄進されたもので、さらに深妙から能基に譲渡されたと推定する。

次に、大野荘藤北に「とまり」、「おひがし」・「おにし」・「いずみ」の小字《こあざ》が存在していたことが確認される。この小字名は泊寺、東阿弥陀堂、西阿弥陀堂、泉屋敷に由来すると考えられる。したがって、とまりには泊寺、おひがしには東阿弥陀堂、おにしには西阿弥陀堂、いずみには泉屋敷がそれぞれ存在していた。

まず、東西阿弥陀堂について検討する。

弘安一一年（一二八八）三月二〇日、大友親時（四代）は、書状を発して「風早東西阿弥陀堂時衆等申、背風早禅尼置文」とする訴訟事件を伝えている（後藤重巳『泊寺乱入事件の歴史的背景』）。この書状によって、東・西阿弥陀堂（泊寺境内にあったと推定）が、時衆の御堂であると確認される。そして、東阿弥陀堂は将軍家の供養のための御堂、西阿弥陀堂は大友家のための御堂で、いずれも深妙によって建立されたものと推測する。

次に、史料に「風早の墓堂」を見るが、泊寺の境内に大友能直の墓を建立したと推測する。

現在、常忠寺に能直の墓と伝えられる五輪塔がある。『豊後国志』

能直下向否定説は、この豊後国志の記述そのものを偽作と主張する。その根拠は、能直は京都で没したので、豊後に墓があるはずがないと云う。

しかしながら、三代頼泰は、相模国の大友郷で没したが、大分市岡川に墓があることは知られているので、能直が京都で没したことは根拠となり得ない。また、京都で能直の墓は確認できない。

「泊寺」という寺名は、正式な寺名ではなく、人々に親しまれた通称と見るべきで、深妙が、鎌倉、京都から大野荘へ下向した際に寝食した寺、あるいは、寺と住居が一体化した建造物であったかも知れない。

『豊後国志』の常忠寺の項に、大友能直墓について、「在大野郡藤北村 按《しらべて》家乗曰、貞応二年一一月卒葬藤北常忠寺法名曰勝光寺。能直墓側有石塔五六皆戸次氏墓也」とある。

すなわち、能直墓は大野郡藤北村にあるが、大友家乗が調べて語るところによると、能直は、貞応二年（一二二三）一一月卒、藤北常忠寺に葬り、法名は勝光寺と曰く。能直の墓側に石塔五六有り、皆戸次氏の墓である。現在も常忠寺に能直の墓と伝えられる苔むした五輪塔があって、周囲に戸次氏の墓が存在している。（能直は戸次氏の祖重秀の祖父である）

また、勝光寺の項に、「在大野郡藤北木原村、大友家乗曰貞応二年一一月、左近将監能直卒。葬大野藤北嗣子大炊《おおい》介親秀営其宅 兆《きざし》建寺、名勝光寺 蓋《けだし》其法し也。延元二年戸次氏招待洛之普門大機禅師重修其荒改南陽山、旧曰壽永山」とある。

勝光寺は、大野郡藤北木原村に在り、大友家乗は曰く。「貞応二年（一二二三）一一月、左近将監能直卒。大野藤北に葬る。嗣子大炊介親秀は、占って其宅に寺を建て営む。寺名は勝光寺、蓋しそれは法名なり。延元二年（一三三七）戸次氏は京都の普門大機禅師を住職として招待し、其荒を重修して南陽山に改めた、旧壽永山と曰く。」

また、『豊後国志』は、「勝光寺は、大野郡藤北の大友親秀の宅を寺にした」と記していることから、親秀（没年一二四八年）が藤北に宅を持っていて、その宅を改築して勝光寺とした。したがって、親秀が藤北に居を構えていた。そうすると、親秀の豊後下向否定説は、疑わしくなるが、豊後下向否定説の論者はこの点について言及してない。

現在も常忠寺に能直の墓と伝えられる苔むした五輪塔があり、周囲に戸次氏の墓が存在している。前掲深妙の③置状では、禅季が墓守をし、将軍家と大友家の供養と祈願を禅季に託したが、側に戸次氏の墓があるということは、戸次氏が能直の墓守をしていたと推定される。（能直は戸次氏の祖重秀の祖父である）

多分、戸次親時の妻夜叉（父能基、母は河野通信の娘）が能直の墓守を始め、その後も夜叉の子息藤北時直（能基と同じく『藤北』姓を称していた）によって供養は末裔に相伝されたと考えられる。

さて、その後の泊寺と泉屋敷の運命は、どうなったのだろうか。

正安三年（一三〇一）泰朝から貞朝へ譲与され、元徳二年（一三三〇）三月二五日、志賀貞朝から法寿寺へと寄進された。前述したように、泊寺と泉屋敷は一体として譲渡の対象とされていたので、泉屋敷は泊寺と同じ運命をたどったものと思われる。この譲渡によって泊寺は廃寺となった。

それから五年たった建武二年（一三三五）八月二七日、藤北四郎入道・四郎太郎・四郎次郎・野津式部太夫入道等二四人による「泊寺乱入事件」が起きた。藤北姓の祖は能基であるから、藤北四郎入道親子三人は能基の血縁者である。そうだとすると、藤北四郎入道は、時代から藤北時直（戸次時親の子息）の可能性がある。

【河野・大友関係図】

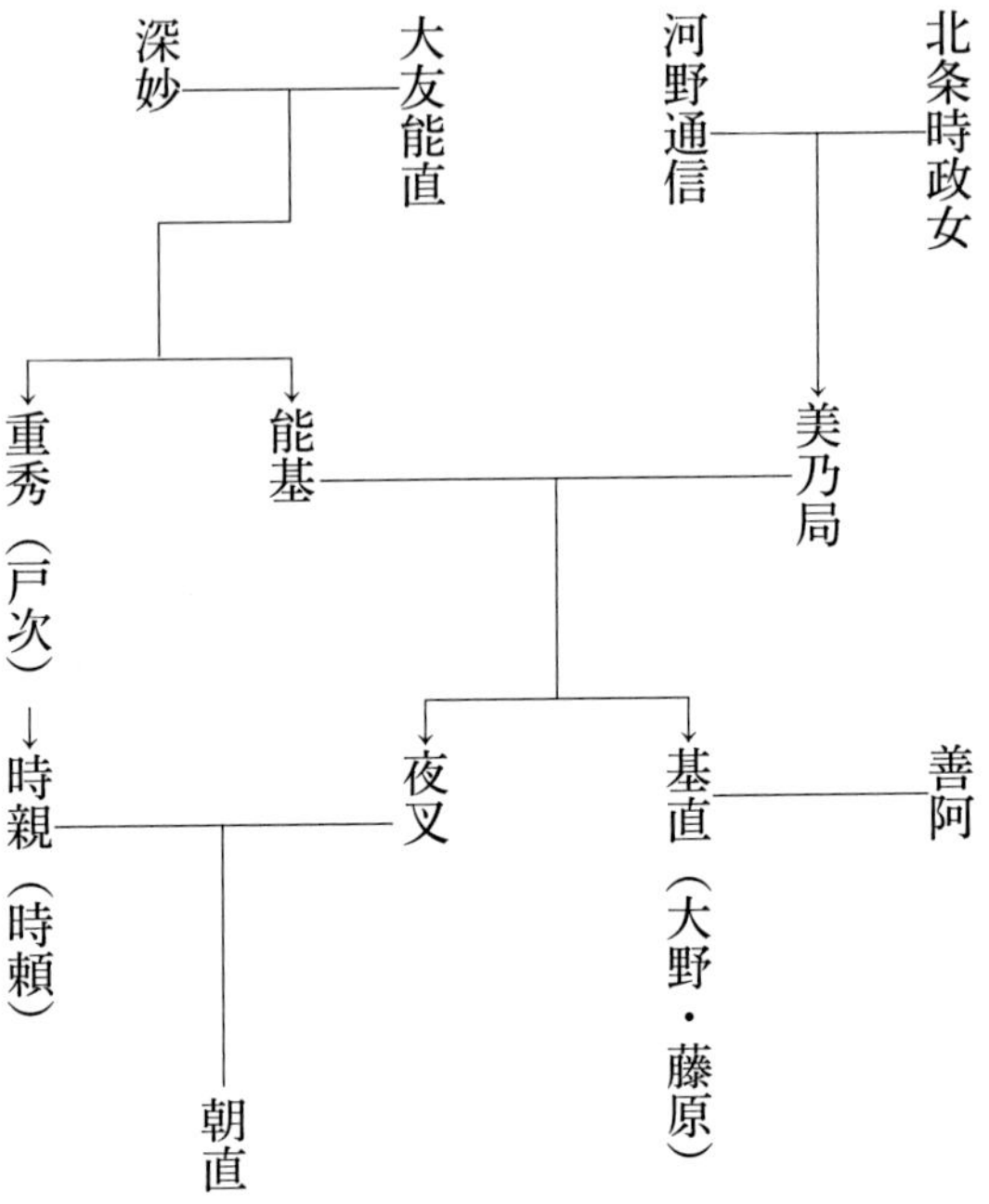

　そこで、泊寺乱入事件について考察する。

　事件の発生は、建武二年（一三三五）八月二七日で、主なる乱入者は、藤北四郎入道・同四郎太郎・四郎次郎・野津式部太夫入道・衛藤兵衛入道・板井八郎左衛門入道・大石左衛門入道・平野七郎入道・同八郎入道・九郎入道・図書入道・十郎兵衛入道・曽我塚二郎入道等二四人と配下の者らであるが、配下の者が何人いたかは分からない。

　この事件の遠因は、禅季が泊寺を能基の子息大野基直の後妻・善阿に売却したこと、売却につき幕府の安堵（確認）が得られず日時が推移したこと、永仁徳政令（一二九七年）で泊寺が善阿から禅季に返還されたこと、善阿には一五〇貫文が戻されず損害が出たこと、禅季が死の直前に舎兄である志賀泰朝に譲与したことである。

　その近因は、泰朝から譲与された志賀貞朝が、新しく建立した志賀氏の菩提寺である法寿寺に泊寺を寄進し廃寺にし、建武元年（一三三四）五月一日、後醍醐天皇綸旨《りんし》によって安堵されたことである。

　ところで、この時期の歴史的背景を説明すると、建武二年（一三三三）鎌倉幕府は滅亡し、後醍醐天皇が政権を奪取し建武の新政が始まり、その翌年に泊寺乱入事件が発生した。

　志賀貞朝による泊寺の法寿寺への寄進で、同寺の御本尊、能直・深妙の位牌、寺務も法寿寺に引き渡され泊寺は廃寺となった。

そこには、昔の泊寺の姿はなく、一人の法寿寺の僧侶が住む房舎となっていた。このような出来事は深妙には想像すら出来ない哀れな結末である。

この乱入事件による損物は、法寿寺院主代、明秀の注進状に記載されている。

それによると、衣一・小袖一・裏付袴・帷子二・太刀一・刀二・平鋒一・馬一・牛二・銅手取一・湯瓶一・天目盆二・塗茶器五・椀五等である。（以上、後藤重巳『泊寺乱入事件の歴史的背景』参考・引用）

この記録から、当時の山寺の独身僧の生活を窺い知ることが出来る。

第四編　頼経の御台所・竹御所

一章　竹御所の母

竹御所の墓

二代鎌倉将軍頼家は、幕府内部の権力争い、「比企の乱」（一二〇三年）に巻き込まれて、北条時政（祖父）によって、伊豆韮山へ追放されたあと、翌年、時政の下手人によって、温泉に入浴中に暗殺された。

頼家には一人の可愛い女子がおり、成長して四代将軍頼経の正妻となった竹御所である。

ところで、竹御所の母について、比企一

族の若狭局説、河野一族の美乃局説、木曽義仲の娘説、中原能直の娘説など諸説がある。

そこで、一般的な若狭局（比企能員娘）説と美乃局（河野通信娘）説について検討する。

まず、若狭局説であるが、比企能員の娘が竹御所の母であるとする。この説の論拠は、現在、竹御所の墓が鎌倉の妙本寺にあるからである。

同寺は日蓮宗の寺院であるが、そもそも、その寺院の近くに竹御所の邸宅（竹御所亭）があり、その跡地に新釈迦堂を建立して、竹御所を葬ったと伝えられている。

鎌倉市大町に釈迦堂口遺跡がある。平成二二年（二〇一〇）の遺跡調査で大規模な廃寺跡が見つかったが、この域内に竹御所は葬られ、新釈迦堂も建立されたと推測される。

さて、現在の竹御所の墓は、妙本寺の霊園にあるが、この霊園域は、竹御所亭の跡で、かつ新釈迦堂の跡地であって、廃寺跡の域内に含まれていたのではなかろうか。

ところで、比企一族説の論拠となる比企の乱で滅亡した比企一族の墓地は、同寺の祖師堂の横にある。

伝えられるところによると、比企一族の末裔である熊本が、日蓮上人に比企の屋敷を寄進して、文応元年（一二六〇）に同寺が創建されたと伝えられるところから、比企一族の墓と竹御所の墓が、同寺に存在する事実によって、竹御所の母は比企一族と比定する。

次に美乃局説について検討する。

この説の論拠は、『諸家系図纂』所収の『河野系図』（以下前掲河野系図という）にある。この『河野系図』には、他に見られない、通信に女子がいたことを記している。（石野弥栄著『中世河野氏権力の形成と展開』一五一頁）

『興福寺所蔵本河野系図』を基に作成した【通信と子息・子女・孫の関係図】

河野通信
- 通政
- 女子（美乃局）
- 通末
- 通久
- 通広→一遍上人
- 通康
- 通俊

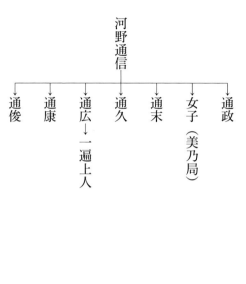

【注記】『河野系図』の美乃局の記事
母北条時政女（娘）、関東竹御所母儀也、美濃国二木郷、肥後国砥河、木崎両郷本主（領主）也。

なお、中世の頃大友氏の所領が美濃国にあったことは、竹御所の関連が推認される。（今後の研究課題）

この『河野系図』は、後述するが、他の数多ある河野系図と異なり、出典が明らかである。すなわち、京都の三聖寺から得た情報に基づいて作成されたと推定され、しかも、『豊後国速見郡史』にこの系図が転載されていることは、河野通信の子女美乃局と豊後国速見郡との関連性を強く示唆する。

そこで、この『河野系図』の成立過程を検証して、同系図の信憑性を検討したい。

この『河野系図』は、奈良興福寺の一条院門跡坊官内侍原（梨原）氏の所蔵本を、水戸徳川家々臣佐々宗淳が、一六八四年に書写したものである（前掲『石野弥栄著書』一五〇頁）。

それでは、なぜ、同河野系図の原史料が興福寺一条院にあったのであろうか。

三聖寺は京都にあり、東福寺派に属し、豊後国大野荘三〇〇町を寺領として領有し『豊後国図田帳』、その地頭職を大友能直（一一七二〜一二二三年）が帯していた。

そして、仁治元年（一二四〇）、能直の妻・深妙が能直から譲り受けた遺領を、深妙は惣配分状によって子女らに配分した。

その惣配分状に、「九郎入道分、同庄内下村地頭職」とある。九郎入道とは、能直の九男能基のことで、前掲図田帳に見る速見郡山香郷「立石村四〇余町、豊前九郎入道明真跡」の豊前九郎入道明真と同一人物である。注記に、「跡」とあるので、弘安八年には、能基はすでに死没していた。

この能基について、『速見郡史』所収の大友系図に、「能職、職或作基、豊前九郎、法名明真、母同親秀、為伊予河野四郎通信之婿」とある。

伊予河野四郎通信之婿とあるから、通信の娘を能基が娶ったことが分かる。

深妙の惣配分状によって、能基が配分を受けた大野荘下村（地頭職）は、三聖寺寺領であるから、三聖寺と能基との関係は、領家と地頭の関係にある。

両者は、このような密接な関係にあったから、妻の実家の伊予河野氏に関する情報が、能基を通じて三聖寺へ伝えられ、さらに三聖寺から東福寺、そして興福寺一条門跡へと伝えられたと推認される。

こうして、奈良興福寺の一条院門跡に伝えられたこの『河野系図』を坊官内侍原（梨原）氏が所蔵していたわけである。

以上の経路によって、同『河野系図』は成立したもので、同『河野系図』は、他の河野系図とは比較に出来ないほど信憑性が高いと判断される。

そうだとすると、前掲『河野系図』の注記の通り、竹御所の生母は、河野通信と北条時政の娘（母は牧の方）との間に生まれた女子・美乃局と比定するのが妥当である。

【関係図】

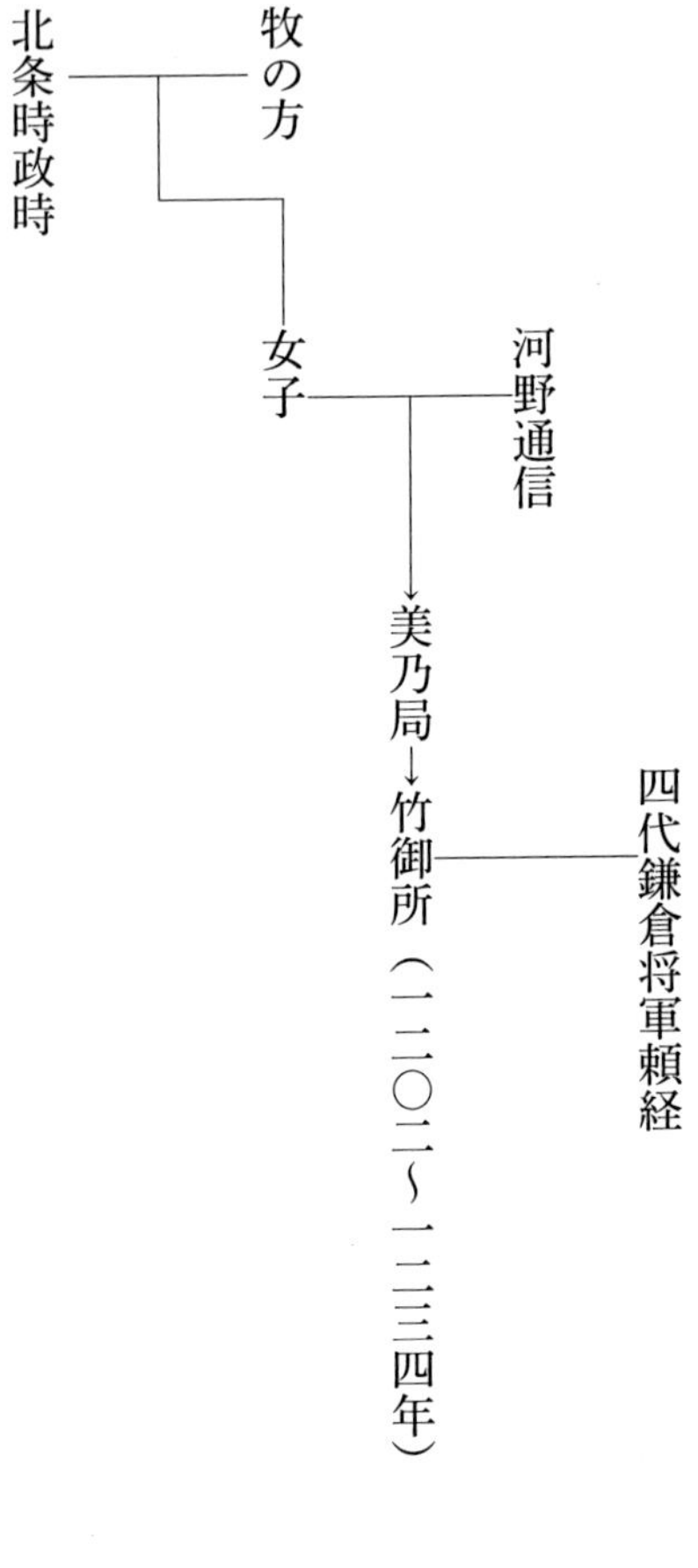

二章　美濃局と美乃局

美濃局は、大友能直の子女で、『志賀文書』に見る深妙惣配分状によって、遺領の配分を受けた。

大友史料『志賀文書』に、深妙の惣配分状（一二四〇年）を見る。

惣配分状とは、大友能直の遺領につき、妻深妙が能直から相伝されたものを、さらに、深妙が、子息・子女等に配分する内容の譲状である。

「所領配分の事
嫡男大炊助《おおはんすけ》入道分、相模国大友郷地頭、郷司職
次男宅万別当分、豊後国大野庄内志賀村半分地頭職
大和太郎兵衛尉分、同庄内上村半分地頭職
八郎分、同庄内上村半分地頭職
九郎入道分、同庄内下村地頭職
女子犬御前分、同庄内中村地頭職
女子美濃局分、同庄内上村半分地頭職

帯刀左衛門尉後家分、同庄中村内保多田名とある。

この惣配分状による女子美濃局分は、豊後国大野庄（荘）上村半分地である。ところで、美濃局という女性は、その後の大友史料に見えないので、どのような人物なのか知る由もないが、唯一点、能直の息女で、「局」を名乗っているところから、高貴な男性の側に仕えていた女性で、美濃国と何らかの関連のある人物ではないかと推測する。

次に、彼女が配分を受けた豊後国大野庄（荘）上村とは何処なのか。

豊後国については、弘安八年（一二八五）に作成された『豊後国図田帳』の写本が国立国会図書館に所蔵されている。

そこで、同図田帳によって調べてみると、「上村五一町内二五町五段」とあるので、確かに、この上村の荘田の存在を確認できるが、地頭が美濃局ではなく、「横尾局跡御所女房按察御局」とあるので、美濃局と横尾局がどのような関係にあるのか分からない。

ただ、美濃局が深妙から配分された時期は、仁治元年（一二四〇）で、前掲図田帳の作成は弘安八年（一二八五）であるから、その間に四五年もの時間差があるので、多分その間に美濃局が亡くなった可能性はある。

この上村半分地の荘田を含む大野荘三〇〇町の荘田の領家は、同図田帳から、京都の三聖寺の寺領であることを確認できるから、上村半分地について、三聖寺と美濃局との関係は、下村のおける三聖寺と能基との関係と同様に、領家と地頭の関係にあった。

したがって、美濃局に関する情報について、三聖寺は、前述したように、地頭能基から得た間接情報の他に、地頭美濃局からも直接、美濃局が大友能直（深妙）からどのような経緯で上村半分地の地頭職を手に入れたかを知り得る立場にあったことは間違いない。

『速見郡史』所収の大友系図（『諸家系図纂』）に、能直の子息能基が、「伊予河野四郎通信の婿」とあるので、前掲『河野系図』で見る通信の一人娘が能基に嫁いだことになる。

そうすると、『河野系図』に見る「美乃局」が能基の妻となったことは間違いない。

ところで、『河野系図』に、美乃局は「関東竹御所の母儀也」とあるので、竹御所の父は二代将軍頼家で、母は美乃である。つまり、美乃局は頼家と婚姻して、竹御所が生まれたのである。

そして、既婚者の美乃局が能基と婚姻すれば二重婚姻になるが、そんなことは許されない。したがって、頼家の死によって、美乃局が未亡人となってから、能基と再嫁したとすれば、矛盾なく解決できる。

頼家は、建仁三年（一二〇三）に、執権北条時政によって伊豆韮山へ追放され、翌年暗殺されたので、それ以後の美乃局は未亡人となっていた。そこで、河野通信と大友能直が話し合って、未亡人となった美乃局を能基に再嫁させたという推論が成り立つのである。

この推論に対して、『志賀文書』所収の深妙物配分状に見る、「女子美濃局」を、能直と深妙との間の息女と解する従来の説は、一見、この再嫁説と矛盾するように見えるが、深妙にとって、美乃局は息子能基の嫁、すなわち義理の娘であるから、あながち矛盾とは言えず、前掲推論を否定する根拠とはなり得ない。

以上の論証から、筆者は前掲美乃局と美濃局は同一人物であると比定する。

【美乃局同一人説関係図】

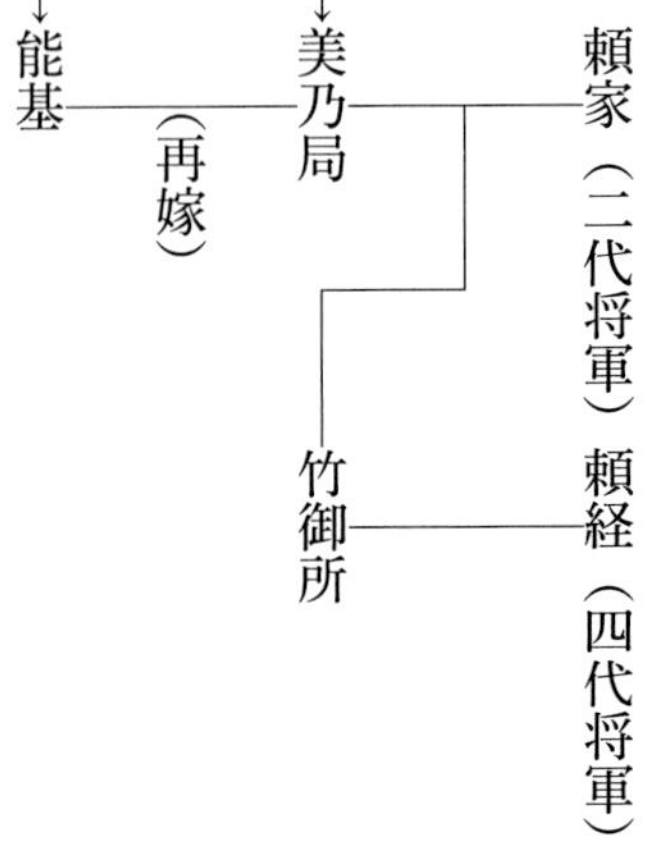

次に、美乃局と美濃局は、同一人であるする、前掲の比定を補強する史実を紹介する。『明月記』は公家で歌人でも知られる藤原定家の日記で、治承四年から嘉禎元年（一一八〇～一二三五）の出来事を克明に書き残したものである。

その『明月記』文暦元年八月二六日条に、死去して二日後の文暦元年（一二三四）七月二九日に挙行された「竹御所の葬送の儀」の参列者の名簿がある。

その参列者中に、伊予国御家人、河野通久、河野政氏と比定される人名と、「美の殿方」という人物が見える。

「美の殿方」とは、つまり、美乃局の再嫁の相手方、能基（大友能直の九男）以外に考えられない。

さらに、『吾妻鏡』の記事によって、鎌倉の大倉郷に大慈寺という寺院が存在していた。

この大慈寺は、実朝が、母北条政子とともに、頼朝の遺徳を偲んで供養するために創建された寺院と伝えられる。

そして、同寺の境内には、本堂、丈六堂、新阿弥陀堂、釈迦堂、三重塔、鐘楼があるが、そのうち新阿弥陀堂は、貞永元年（一二三二）一一月一八日、竹御所が、父将軍頼家の追善のため建立したものである。（『大日本史料』五―八―四一八）

この新阿弥陀堂の寺領が美濃国にあり、地頭は美濃中山氏と美濃河野氏であったことが、正

竹御所の墓（中央の奥）

中二年（一二二五）五月二日の関東下知状によって確認された（石野弥栄『中世河野氏権力の形成と展開』一四九頁）。

また、『吾妻鏡』正嘉元年（一二五七）一〇月一日条の記事によると、その日、大慈寺の修繕落慶法要が執り行われたが、その法要に招かれた三〇余人の高僧の中に、伊予国（河野の本貫地）出身の比叡山の六人の僧、権少僧都性円、権少僧都兼伊、権少僧都重賢、権少僧都増慶、権律師経厳、権律師長性の名前が見える。しかも、わざわざ、「山伊予」との注記が付されている（『吾妻鏡』前同条）。山伊予とは、伊予国出身の比叡山の僧侶のことである。

したがって、これらの史実は、伊予河野氏と竹御所との関連を強く印象付けるものであることは間違いなく、それは、竹御所の母美乃局が伊予河野通信の娘であることも物語っている。

ところで、『新刊吾妻鏡三〇巻文暦二年（一二三五）七月二七日条』に、「竹御所姫君、於相州御亭有御除服之儀」との記事がある。

除服とは「忌明け」のことで、相州御亭とは、北条泰時（相模守・執権）亭を指すことから、この時すでに竹御所の屋敷である亭は取り壊されていたと推測する。

そして、その跡地に竹御所を供養するため、将軍頼経が、新釈迦堂を建立しその御堂の側に竹御所を葬られた。そして時代は過ぎ、新釈迦堂は消滅し現在跡地は妙本寺の霊園となり、その一番奥に竹御所の墓がある。

こうして、大友能基は、美乃局と婚姻を結んだあと、藤北能基（能職）を名乗った。多分豊後国大野郷下村藤北の泉屋敷に住んで、泊寺で能直と深妙の供養のため、勤行と祈祷の毎日を過ごしていたと推測される。

二人の間に子女夜叉と子息基直が生まれた。竹御所とは、異父の兄弟姉妹である。

基直が能基の子息であるとする史料はないが、弘長二年（一二六二）八月三日の沙弥明真と藤原基直の連書状「大野庄下村内於泊寺院主職者、可為師公（禅季）之沙汰、但言彼寺之勤行、言地頭之祈祷、任先例可致其沙汰之状如件」が存在することによって、明真（能基）と基直（大野姓、藤原姓を用いた）が父子関係にあると考えられる。

そして、深妙の惣配分状に見る犬御前と夜叉は同一人物で、戸次時親（時頼とも云う）に嫁ぎ、河野流の美乃局の血縁が戸次一族に引き継がれた。基直は後妻善阿とともに、去状を禅季に渡して泉屋敷を去って行った。

『豊後図田帳』を見ると、速見郡大神荘の近都藤原井手村七〇町は、戸次太郎時頼（時親、夜叉の夫）の所領、安岐郷守江村浦三町は、戸次時頼と次郎公継の所領と記してある。

基直が、大神姓の他に藤原姓を名乗ったのは、大神荘の藤原村の地名に由来する。戸次時親（時頼）の子息、朝直も後に大神姓を名乗ったが、その大野一族は、大友系大神氏であって、平安末期に頼朝に抵抗した大野泰基の属する大神氏一族（頭領は緒方惟栄）とは関係ない。

南北朝の乱（一三三七〜九二年）のあと、伊予国から豊後国大神郷の藤原村に大勢の河野一族の人々が移住してきた。その末裔が、江戸時代に、南藤原里正となっている。河野庄兵衛通長と子息の月譚禅師である。（『速見郡史』）

また同国安岐郷守江浦の庄屋になった河野良右衛門もいる。末裔の吉原明子によれば、良右衛門の先祖は、大友宗麟の時代に、伊予国から渡って来たとの伝説があるそうだ。良右衛門は江戸時代の豊後国を代表する哲学者、三浦梅園の友人で、梅園が長崎に遊学する際、同行して

いる。（三浦幸一郎氏『三浦梅園の生涯』参照）

【年表４】

延応二年（一二四〇）深妙惣配分状
建治三年～弘安二年（一二七七～七八）一遍上人豊後国遊行
弘安三年（一二八一）一遍上人信濃佐久の河野通末墓詣で、弘安の役
弘安四年（一二八二）同上人奥州江刺河野通信墓詣で
享禄三年（一五三〇）大友義鎮（宗麟）生誕
天文三年（一五三四）河野兵部少輔鎧通感状
天文一一年（一五五〇）河野傳兵衛鑑通感状
天正六年（一五七九）河野佐兵衛鎮通感状、耳川の戦で戦死
天正一一年（一五八二）河野讃岐守統通没
天正一五年（一五八七）大友宗麟没
文禄元年（一五九二）朝鮮出兵、河野和泉守傳兵衛統氏出陣、大友国除処分
文禄二年（一五九三）河野傳兵衛統氏豊後国安岐郷朝來村橋上蜜乗院於いて蟄居
慶長五年（一六〇〇）河野傳兵衛統氏石垣原の合戦戦死、大友義統東軍へ降参

第五編　大友家臣・豊後河野氏

一章　勢場が原の戦

享禄元年（一五二八）周防の戦国大名、大内義興が死去し、子息義隆が二二歳で家督を継いだ。義隆の姉は、大友義鑑の正室で、義鎮と晴英（後の大内義長）と四人の娘の母で、『波多方板山河野氏伝承』によれば、二女が河野鎮通に嫁いだ。『速見郡史』所収の『大友系図』に「伊予河野室」とあり、この伊予河野が鎮通を指すと伝えられている。

この点について、注記2で詳述するが、従来の通説は河野通宣（伊予湯築城主）と考えられていたところ、最近の研究により、通宣の妻は、大友義鑑の姉の娘、桐姫であることが判明した結果、『河野伝説』が正しいことが証明された。

ところで、大内氏と大友氏は、婚姻を結ぶほどの関係にありながら、元来、両氏の仲は悪く、豊前国、筑前国の所領拡大を巡って、度々大規模な戦を繰り広げた。

大友能直が豊後国に入部すると、能直は間もなく「豊前国守護」を兼帯した。

その後、周防国守護、大内氏が台頭すると、同氏は豊前国、筑前国へも進出したため、豊前国の支配をめぐって、豊後国守護、大友氏と衝突を繰り返した。

天文元年（一五三二）一〇月、大友勢は豊前国に侵入し、宇佐郡の妙見岳（現在の大分県宇佐市院内町）に籠る大内勢を包囲した。

そこで、大内勢の援軍は、豊前国に渡海し妙見岳の山麓で、大友勢と合戦し、大友勢を撤退させた。

勢いに乗る大内勢は逆に豊後国に侵入、豊岡の背後の鹿越城を占領したが、天文二年（一五三三）正月一〇日、大友勢に反撃されて撤退した。

すると、天文三年（一五三四）二月二〇日、今度は大友勢が豊前国宇佐郡佐田荘へ侵入して攻撃した。

この攻撃は、大内方が密かに豊前国宇佐郡佐田荘に集めた牢人（仕官してない武士）輩たちが、国境を越えて、豊後国速見郡山香郷山浦村に侵入し、盗み・略奪・放火などの乱暴狼藉を働いて、百姓を苦しめる事件が頻発するので、河野兵部少輔鑑通が、その牢人の退治のため、実行した作戦である。

このように、大内勢と大友勢は、様々な衝突を繰り返していたところ、同年四月六日、豊後国速見郡に侵入した大内勢が、勢場が原（杵築市山浦）で、大友勢と大規模な合戦を繰り広げた。

大友勢の押（攻撃）の大将には、吉弘氏直、寒田親将が命ぜられ、これに、志賀泰久、都甲惟秀、広瀬法致、帯刀右京亮、中山弾正忠の各武将が続き、田原親宏・木付親實を後の殿《しんがり》とする。その勢二八〇〇余騎、速見郡山香郷大群野（勢場が原）に出陣する。

大友勢が、杏葉（大友の家紋）の白旗を差し上げれば、近辺の味方我も我もと馳せ集まる。この外、大神鎮氏、林佐渡守両人の手勢三五〇騎は、鹿鳴越城《かなごえじょう》（日出の背後の山嶺）に構え、大内勢が寄せ来るのを待ち構えていた。

大内勢は豊前宇佐郡糸口原に陣を敷き、その後、山香郷に間諜を入れ合戦の足場を占め、四月六日の朝、佐田峠に差し懸かり、直ちに勢場が原に野陣して、大村山に籠る大友勢と対陣した。勢場が原は大村山の西南一〇余町の荒野である。

大友勢の大将、吉弘氏直は、「大内勢に足を休ませては、由々しき大事になる。早速、押し懸り討ち取るに限る」と下知して、物具堅め、馬に打ち乗り、握り大なる弓を素引き二三度して駆け出した。

勇み立つ大友勢は、我も踊らじと、大村山の戌亥《いぬい》（西北）の尾崎より、真下りに隊伍を乱して駆け出ようとするのを、吉弘、寒田の両将が、「卒爾《そつじ》（急に）に懸け過ごすな、静かに備えを立ち堅めよ」と制して、勢場の平野に繰り下って行った。

これを見て、大内勢は、「中に取り籠らせて討ち取れ」と、鬨を合わせて待ち懸けた。

矢頃（矢の射程距離）にならずに双方矢合いあり、谷間では太刀打ちの勝負あり、双方の士で尾崎に逃げ落ちる者もあり、四方が二、三里の荒野で、双方が追いつ、返しつの攻防戦、矢叫びの声、鬨の音、谷の闇が山に木霊して、いつ果てるとも見えない。

こうしているところに、誰が射ったとも知れない流箭《りゅうせん》（流れ矢）が飛んできて、吉弘氏直の乗る馬の太腹に羽膨《はねふく》らませて突き刺さり、馬は屏風を倒す如く転び、さしもの吉弘も、蓑毛《みのげ》のごとく折り懸け《おりりかけ》宛《さながら》立ち竦《すく》みになった。

今はこれまでと見えた、部下の廣瀬佐致は、これを見て、馬から飛び下りて吉弘を肩に懸けて、味方へ引き退かんとするところに、また敵が、大勢立ち並んで、差し詰め、引き詰め射たる程に、防戦の術なく二人一所に射すくめられ、終に討ち死した。

吉弘氏直は、生年一九才。寒田三河守は、これを見て、「これは如何に、吉弘は討ち死したぞや。続けや者ども、氏直の首取りせよ」と云い残して、遮二無二に駈け出せば、吉弘の家人、室対馬守・夜間掃部介・三河外記・丸小野三郎右衛門・木綱藤左衛門を始め、譜代の侍一六人は、「主君（吉弘氏直）を討たれ、何の面目に生きて帰らんや、誰が為に惜しむ命ぞや」と、互いに、吉弘を失った後悔から必死に成り突入、寒田の家人一〇余人、その他に野原・志手・都甲の一党、長野越州等は、馬を横一陣に立ち並べ、大内勢の陶・杉両将の「内の本陣」に真一文字に馳せ入った。大内勢は、この勢いに辟易して色めきたっているように見えた。

ただでさえ、思い切った攻撃を仕掛ける大友勢は、これに機を得て直ちに、杉長門守の陣（大内方）を目がけて突入した。大友勢に包囲された杉長門守は、槍を引かれ押さえられて首を取られた。大友方の寄り手は、陶美作守を始めとして、散々に落ち行く大内勢を追い詰め、追い詰めて討ち取った。

ここで、大友家臣の野原対馬守は、郎党五騎を左右に立てて、間近まで追い詰めると、大音（大声）を揚げて、「汚き人々の振舞かな。大将を討たれて、何の面目もなく、落ち行くぞ。返し合せて勝負せよ」と、槍を引きしごきながら罵しると、落ち行く大内勢の中より、内藤・相良・陶の一党が、踵を返し合わせ、火・水のごとく奮戦した。

大友の武将野原対馬守は、左の凧楯《たこたて》のはずれを、敵にしたたかに突かれた。側にいた郎党の源内は、つ・つ・つと野原に近寄り、敵の槍を切り折って捨てた。

野原は、大事の手負い（重傷）で、進退ここに極まっていたが、長野・都甲の大友勢が、横合いより突進して、まっしぐらに馳せつけて野原を馬に乗せて難なく退いた。

敵が勝ちに乗じ攻めかかるところ、大友家臣田原親宏の援兵一五〇が、山香の佐野鞍掛城から駆け付けて横相より突入すれば、陶の軍勢（大内勢）は、霧散して本陣へ引き退いた。

ところで、山香に待機していた国東武士勢を率いる木付親實（木付城主）は、志手（大分郡。大野郡勢）の敗軍を知り、漆黒の夜半を待って、大村山に帯陣している大内勢を間道より不意に夜討して急襲した。すると、思いかけない攻撃に周章《しゅうしょう》狼狽した陶（大内方の大将）の手勢は、山谷の狭間に追い詰められ、あるいは自ら狭間に馳せ込んで同士討ち、差し違えで、死者が累々。

ある群れは、道に迷って奥深い野山に登り上がり、あるものは、名も無き谷に落ちる者もあって、大内勢は、不案内な急峻を右往左往しながら、国埼半島北西の湊、高田（豊後高田）を指して落ちて行った。辛うじて生き残った大内勢の残党は、中国（周防国）へすごすごと引き戻って行った。

大友勢に討ち取られた首数は、三五八級、味方の討死は二八三である。

この合戦の次第を、豊府の大友館に注進申したところ、大友義鑑は、委細を聞きし召されて、「木付、田原勢（国東武士）の粉骨を尽くした戦いは、高名比類なき忠志に寄るものである。不日に御沙汰有るべき由」と述べられて感状を賜った。

その後大友と大内とは、幕府の仲介で相調（和睦）し、両家の討ち死した戦士の追善をして、大村山、勢場が原の諸所に多くの石塔を建て大供養をした。

杵築市大田小野に大内墓地があるが、この戦いで戦死した大内勢の武士を埋葬したと推定される。

史料1　大友義鑑　（『大田村誌』所収二三〇頁）

就豊前国牢人退治
可被励忠儀之段
感悦無極
仍宇佐郡之内拾五町分（坪付別紙）
在級之事預置候
可有知行候　恐々謹言
三月二〇日（天文三年と推定）
河野兵部少輔殿　　義鑑　（花押）

【注記1】

河野兵部少輔は河野鎧通と比定する。
天文三年二月二〇日、鑑通の率いる大友勢が、豊前国宇佐郡佐田荘へ侵入して、大内方の牢人輩を退治した時の大友義鑑の感状である。

豊前国の牢人の退治に就いて
忠儀を励みあらせられる段
感悦は極まり無し
なお宇佐郡之内拾五町分（坪付別紙）
在級之事（昇進）は預り置き候
知行は有る可し候　恐々謹言
三月二〇日（天文三年と推定）
河野兵部少輔殿　　　　　義鑑　　（花押）

【注記2】

『速見郡史』所収の『大友系図』（『速見大友系図』という）に、義鎮母坊城藤原氏とあるが、『大内氏実録』など大内氏史料によれば、母は大内義興の娘、義隆の姉と明記している。

また、義鑑に四人の娘がいたが、四女は夭折し、三女は二階崩れの乱で疵を負わされた。そして、長女は、土佐国の一条右中将房基の妻となった。

『速見大友系図』によると、「二女、伊予河野室、母同義統」とある。

この伊予河野とは誰かについて、河野氏伝承は河野鎮通説、通説は河野通宣説と対立していたが、その時代、伊予国守護河野通宣（妻は桐姫）は、大友義鎮と土佐国の一条房基（妻は義鎮の姉か妹）の連合軍に侵攻され、また、南部伊予地方で、宇都宮豊綱とも戦をしていた。その戦の最中に大友義鎮が、敵将河野通宣に、姉妹（二女）を嫁がせることはあり得ない。

　また、最近まで、二女の名は桐姫と思われていたが、実のところ、桐姫は、義鎮の従姉妹で、すでに伊予河野通宣（宗三郎左京大夫）に嫁いでいて、二女と桐は別人であることが判明した。

　その結果、二女は、大友氏家臣の河野鎮通に嫁いだとする河野伝承が正鵠を射ている。鎮通は耳川の戦に参戦し戦功を挙げたが戦死した。

二章　大友氏の世継ぎと二階崩れの変

豊後国二〇代戦国大名、大友義鑑《よしあき》には三人の男子があったが、義鎮《よししげ》（塩法師丸、大友宗麟）が長子であるから、当然義鎮が嫡子として家督を承継することに決まっていた。

天文一四年（一五四五）、弟義長（晴英）は、叔父にあたる周防戦国大名、大内義隆の猶子となったが、義隆に実子義尊が生れたので、縁組を解消されて、故郷豊後国に戻り、国崎郡田原別府（田原郷・田原荘ともいう）の大内山で兄義鎮と住んでいた。

この時、義鎮は一四才、義長は一二才であった。母は大内義隆の姉で、二人が幼い頃すでに亡くなっていたので、伯母（父義鑑の姉）の娘、桐姫との三人は、まるで兄弟姉妹のようにして伯母に育てられた。

姉と思っていた桐姫が、ある時、伊予国の河野宗三郎（通宣）に嫁いだ。

寂しさを紛らわすため、義鎮と義長（晴英）は、近くの山々を、馬に乗って駆け巡った。

それから五年の月日が経って、異腹弟の塩市丸が元服を迎えると、にわかに、義鑑の世継ぎ問題が浮上し、城内外の話題となった。

というのも、義鎮は気性が荒く女色を好み、波多方山の山中で、文傳寺（六郷山本山分末寺）の学僧や修行僧に襲い掛かり、あるいは、百姓達に乱暴を働いたため地元では、悪ガキ大将と揶揄されていた。

父義鑑は、このような義鎮の悪行に心を痛めていて、九州の覇権を狙う豊後国の将来を託すに、大きな不安を感じていた。

大友氏家臣団も、義鎮派と塩市丸派に二分され、両派は論争だけでなく、屡々喧嘩に発展し、遂には刃傷沙汰にもなった。

城下の町人たちの世間話で、いずれ府内で戦が始まると噂するにようになり、密かに田舎へ逃げ出す者もいて、城下は不穏な雰囲気に包まれ始めた。

さて、三男塩市丸の生母は「到明子《とうみょうし》」で、その出自は明らかではない。子息の塩市丸は、幼い頃から学問に親しみ、利発で、大友氏中興の祖、親世《ちかよ》（一〇代）の再来とまで噂されていた。

他方、前述したように、義鎮は、国崎郡田原別府（田原郷・田原荘ともいう）の大内山に、弟と住んでいて、すでに義鎮二〇才、弟義長（晴英）は一八才になっていた。

ところが、義鎮派の重鎮、斎藤播磨の諫言によって、ようやく、目覚めた義鎮は、学問に精を出すようになり、乱暴狼藉も止まった。波多方村の庄屋田原氏に伝わる文書（大友史料二一『田原庸平文書』）によると、「大友義鎮は波多方山の狼藉を停止している」との記事が見える。

　このような、義鎮の変身に敵意をむき出しにする塩市丸の母・到明子は、義鎮を排除して塩市丸を嗣子（家督承継予定者）に立てようと、義鑑を強く突き上げ、年寄の入田丹後守親誠《ちかざね》を取り込んで、巻き返しを図った。

　そもそも、大友氏の世継ぎは、すでに父義鑑によって義鎮を嫡男として指名されていて、幕府の安堵（確認）あることから、義鎮の嫡男を取消し、改めて塩市丸を嫡子に指名し、幕府の安堵を得なければならない。そのために加判衆（重臣）全員の同意が必要となる。

　ところが、斎藤播磨守、小佐井大和守、津久見美作守、田口蔵人佐の四人の加判衆は義鎮派に属し、加判衆頭の入田親誠《ちかざね》のみが塩市丸派に属していた。

　これでは加判衆の全員の同意は得られない。これには義鑑もまさに進退極まり、苦悩は深まるばかりである。

　そこで加判衆頭、入田親誠の入れ知恵で、天文一九年（一五五〇）二月一〇日昼、府内上野台の大友屋形で宴席を設け、義鑑は、義鎮派の加判衆四人を招いたが、斎藤と津久見は出席したけれど、津久見と田口は、何かと御託を並べて欠席した。

　その宴席に、到明子も同席していた。義鑑は、斎藤、小佐井に、塩市丸の嫡子指名に同意を求めたが二人は丁重に断った。

　この会談が決裂する場合に備えて、入田親誠は、刺客をあらかじめ登城させていた。

斎藤、津久見が表門を出たところを、隠れていた必殺仕事人によって二人は斬殺された。

このニュースが府内の城内、城外に知れ渡ると、家財を荷車に積み込んで逃げ出す町人等で道は溢れ、城下は大混乱となった。

斉藤と小佐井の殺害を知った津久見美作守と田口蔵人佐は、その日の夜、警備の薄い裏門から侍所に入り、そこから階段を駆け上って殿中の二階の間に乱入し、津久見が塩市丸とその母到明子、侍女などを殺害し、田口は三女と戯れていた義鑑にも深疵を負わせ、義鑑は五日後に落命した。

下手人の津久見と田口は、田原親賢近江守、河野傳兵衛（義鎮の義兄）等の近習によってその場で討ち取られた。加判衆頭で、塩市丸派の入田丹後守親誠は、肥後国阿蘇神社に逃げ延びたが、妻の父である宮司阿蘇惟豊に斬殺された。

義鎮は、父義鑑の死によって家督を継ぎ、二一代豊後国大名となった。これがいわゆる二階崩れの変とよばれる、大友氏の家督承継を巡る内紛の結末である。

近年、この変について、義鎮の計略ではないかとの疑問が提起されている。

その根拠は、義鑑が絶命の直前に書き残した遺言書の筆勢が、とても瀕死の重傷を負った者の筆跡とは考えられない。また、義鎮の事件後の処理が極めて迅速でかつ見事であったことが、かえって疑念を招くことになったのである。いずれにしても今後の研究に期待したい。

史料2大友義鑑（『大田村誌』二三一頁所収）
今度津久見美作守、
田口新蔵人
慮外之企無是非候
其砌懸合遂防戦
数か所被疵之由
忠儀是無比類候
於其場別而粉骨之条
必追而一段可賀候
　恐々謹言
　二月一五日（天文一九年）　義鑑　（花押）
田北左近将監殿
田原近江守殿
河野傳兵衛尉殿
殖田少輔殿

これを読み下すと、今度の津久見美作守、田口蔵人佐の意外なこの企《くわだ》ては、良いも悪いも言っておられず候、その砌《みぎり》の懸け合いで、防戦を遂げ、数か所に疵の由、忠儀はこれに比類が無き候、その場に於いて別れて、力の限り防戦之条（して）、討取（必追）った。而して、一段の賀すべく候。

田原近江守とは田原親述《ちかのぶ》のことで、近江守は田原氏の官途で、親氏、親堅《ちかかた》、親賢《ちかかた》が近江守を名乗り血縁を知る。ちなみに河野氏の官途は和泉守で、通末、統通、統氏に見える。

また、『史料2』の発給者は義鑑で、発給日は天文一九年（一五五〇）二月一五日であるから、義鑑は一〇日に疵を負って一五日にはまだ生存していた。

三章　キリスト教徒・宗麟と耳川の戦

豊後国の戦国大名大友義鎮は、天文一九年（一五五〇）、府内（現大分市）の大友屋形で、フランシス・ザビエルと会見した。この席に、弟大内義長（大友晴英）も陪席した。

ザビエルは、豊後国に来る前に、山口で周防国の戦国大名、大内義隆（義鎮、義長の母の弟）とも会見していた。義鎮がキリスト教の宣教師と接したのはこの時が初めてである。

ザビエルは、早速豊後国でのキリスト教の布教活動の許可を義鎮に要求した。義鎮は、宣教師達と交流のある周防国大名、大内義隆の猶子だった義長の助言もありこれを認めた。

宗麟が洗礼を受けたのは、足利幕府が滅亡してから四年後の天正五年（一五七七）七月一五日で、洗礼名はドン・フランシスコである。

同年（一五七七）一二月九日、薩摩の島津義久との戦に敗れて日向国の当主、伊藤義祐は、叔父大友宗麟（義鎮を改名する）を頼って豊後国へ逃げ込んできた。捲土重来を期す義祐は、宗麟に日向国の奪還計画を持ち掛けていた。しかし、この計画に対し、大友の重臣の意見は分かれていた。

ところが、宗麟の心は別のところにあった。それは、日向国にキリスト教の国造りを夢見ていたのである。宗麟は、多くの重臣の反対を押し切って日向国の侵攻を決した。この時の宗麟の決断が、その後の大友氏の衰退へと導いたことになる。

宗麟は、臼杵教会のカブラル宣教師と信者を連れて、臼杵から海路を使って延岡に上陸し、無鹿《むじか》（現在の延岡市無鹿）に大友軍の本陣を置くとともに、立派なキリスト教会をも建立した。

天正六年（一五七八）八月、日向国無鹿に荒々しく馳せ参じた諸軍は都合七万騎、そのうち大友宗麟の旗本は一万騎である。

総大将は、田原親賢《ちかかた》（紹忍《しょうにん》）で、その配下に、吉弘鑑直、斎藤鎮実、佐伯惟定、萩野鎮信、田北鎮則、臼杵新助、田北鎮敦、小佐井市郎、吉岡八頭、山下和泉、河野傳兵衛らの武将が名を連ねていた。

それより先の天正五年（一五七七）一〇月二〇日、日向の伊藤義祐の家臣・米良四郎右衛門・米良喜内の先導で、大友と伊藤の軍勢は共に日向の耳川（薩摩では高城川）を渡った。めざすところは、島津中務大輔忠長の率いる島津勢が立て籠もる高城である。

高城は、背後に高い山があって、たやすい人馬の道はなく、前には大池が水を貯え、切所《せっしょ》（難所）が隙間なくあって、馬が駆け越す道もない。

城中には旗が一〇流程打ち立てられ、山嵐に翻っている。芳野には、ツセノ花がまるで紅葉のように色を添えている。

ところで、この城は難攻不落の堅城で容易に落城できないと判断した田原親賢は、鳥雲の陣を敷くことは適切ではないが、あえて鳥雲の陣を敷いた。

両勢は、激しく攻め合ったが、一歩前進、一歩後退の膠着した状態が数日続いていた。

そこへ、敵将島津忠長が使を寄越して、

「此の間、数日相戦ったがいまだ勝負は決しない。この度の大友宗麟の御出馬は、日向の伊藤義祐の深重な本領奪還の望みにより、甥義祐のために決断されたことと理解し、大友の島津に対する意趣返しとは考えていない。そこで、島津勢が帯千町の所（耳川の河川敷）に進む間に、大友軍は後退されたら如何か」と申し入れて来た。

これに対して、大友勢の総大将田原親賢は、薩摩の使いの申入れを聞いたあと、島津忠長の使を返した。

親賢は、諸大将を集めて軍議を開き、「この城は聞き及んでいたよりも、要害堅固である。これまで、激しく攻め立てたが城中には何らの変化もなく、敵は神妙に城を支えている。まだ兵糧も尽きそうもない。何一〇万騎で攻めたとしても、忽ち落城するとは考えにくい」と、切々と悲観的意見を述べた。

そして、さらに、「そうこう逡巡しているうちに、島津義久が大軍を率いて応援に来たら、すぐ反撃に出ることは疑いない。いまのうちに帯千町の所（耳川の河川敷）まで後退する」と諸将に命じ、この旨を無鹿（本陣）に連絡するため、親賢は戦列を離脱した。

これに対して、諸武将は概ね反対で、中には逆上する武将もいた。

臼杵新助は、腹をすえかねて、「各々の武将には考えもあるだろうが、我々には指揮権はないから、あれこれ申すつもりはない。御辺（あなたは）は当陣を引かれ、敵の手立てに乗り、敗軍して逃げ伸びるのもいいだろう」と捨て台詞を吐いて、脇差を抜いて席を立ち、手勢の兵五〇騎を率いて高城に向かって駈け出して行った。

こうして、大友諸将による、島津の提案して来た和議の評定は纏まらず、破談となったため、大友勢と島津勢は再び戦を始めた。大友勢の総指揮を執ったのは、田原親賢に代わった吉弘鑑直である。

大友の諸勢は一斉に高城に押し寄せて両勢が激しく戦った。一文字に横列し盾を持った兵勢は、島津勢の最前線の兵勢と角突き合わせとなり、じわじわと島津勢を後退させたが、島津勢も反撃に出て押し返し、大友勢はなかなか島津の防衛線を突破できない。

双方ともほら貝を吹き鳴らし、数日間休む暇なく攻めまくると、次第に高城の城中も混乱が見え始めた。

そこへ、応援の島津薩摩守義久が、大隅、薩摩、日向三国の軍勢を引連れ、日向国佐土原まで到着した。

大友勢は、後方から攻めて来る島津勢を迎え撃つ合戦場を耳川の中州と定め、高城の囲みを解いて、川を渡り北側の小高い丘陵にまで後退した。

間もなく、島津義久勢も耳川の南側の近くまで押し寄せて来て陣を取った。

これで大友勢と島津勢は耳川を挟んで対峙した。

大友勢の陣から、南側の島津義久の陣を見渡すと、軍陣の普請の祈祷を挙行している様子が見える。陣屋の棟に沢山の白い幣を建てた景色はまるで雪山の如く見えた。

陣屋は、大勢の将士で賑い、あちらこちらで酒盛りも始まったようだ。

この様子を見た大友幕下の国衆は、「島津の将士はこのように神仏を崇め祀っているのに、我が君宗麟公は仏神を欺き、在々所々の社壇（仏壇）の仏を取り壊し、悪路を修理し、あるいは薪として火に投げ入れて燃やしてしまう。これは前代未聞の悪行である。今度の島津勢との戦では、勝利は覚束ない」と口々に噂をしている。

このような戦場の雰囲気にも拘らず、天正六年（一五七七）一一月一〇日の卯の上刻（午前五時）に、大友勢の吉弘鑑直は手勢三〇〇騎を率いて、耳川の上の瀬を船で押渡った。

斎藤鎮実も手勢一五〇〇騎を前後左右に立て、耳川の下の瀬で島津勢と合戦に及んだすえ、縦一文字になって川を駆け渡った。

案に違わず、島津義久勢は五〇〇騎ばかりである。

大友勢に川を渡らせてはならないと、川中で双方が激しく攻め合わせた。

白波は砕《くだ》け立て、エイヤと声を出して戦う。

鎮実は今日を限りの命と覚悟して、采配を取り諸軍に先立ち一足も退かず下知をする。

敵は、鎮実を強い武者と目がけ、我も我もと駆け寄せて鎮実を討ち取らんとする。

けれども、鎮実は、究極の槍の使い手なので、敵は次から次へと勝負を挑んで来た。

鎮実は無勢に多勢、孤軍奮闘したけれども終に討たれた。

鎮実の従者共も、死力を尽くして斬り合ったが、鎮実を失って統制が乱れ、浮き足が立って混乱する始末であった。

二番備えの田北新助、三番備えの田北鎮敦・小佐井市郎なども、角合わせ火出るほど攻め戦った。

大友勢に加勢した筑後国の住人蒲池近江守入道宗雲も、手勢八〇〇余騎を率い、直ちに、続いて川へうち入り、島津勢を追い回し斬ってかかり、敵を川中よりまくりあげ、三町ほど追いかけて切り崩した。

左備えの吉弘鑑直、二番備えの佐伯惟定、三番備えの萩野鎮信は、雄叫びかかれば、薩摩勢は支えきれず、ついに陸へさっと崩れ上がった。

それを見ていた吉弘は、続いて寄せ掛け追い返しつつ攻めて戦った。

この日の卯の刻（六時）より戦は始まった合戦は、終日、大友勢は、島津勢を川中より追い上げ、戦場を占拠し備えを段々に固めた。

翌朝、夜明けを待って、豊後勢は敵に先を越されまいと薩摩勢に押寄せる。

敵将島津義久は、敵の目を晦ますため、背中の馬印の大将旗を降し、両勢が兵刀を交え合って戦った。子討ち取れども親助けず。主射落さても、其の死骸を引取れない、すさまじい戦であった。

吉弘・田北・臼杵・蒲池の五人の将は、島津義久の旗本を目がけ、一目散に馳せて切ってかかる。

これを見た義久は、下ろしていた馬印の旗を急いで掲げると、大友勢の五将は、この旗を目がけて馳せ寄せる。

薩州勢は、この旗を見て益々士気が揚がり、蜘蛛手《くも》が、混乱する大友勢を追撃した。すると大友幕下の旗本侍将衆は一戦に及ばずして悉く討ち死にした。

いよいよ島津勢は勝鬨を揚げて、逃れる大友勢を辻風の吹くより激しく追いかけ、大友勢は逆巻水の耳川に人筏をくんで渡河を企てたが、溺れて死ぬ者は幾千、その数を知らない。大友の戦死者の多数は溺死と伝えられている。

この耳川の合戦で、討ち死した大友勢の大将分一一人、将士三〇〇〇余騎、雑人は数知れず、大友勢の完全な敗北であった。

当時の府内（大分）の町に、次の狂歌が張り出された。（『大友記』より）

菜田・清田頭しらみに似たり耳の辺りで這い回り来る

史料3大友義鎮　『西国東郡誌』
□□最前□□□両筑後より味方敗軍無□□次第之処□事薩摩将士大塚刑部傳右衛組討之条感入□□依而友行之太刀加□之者也尚竈門新介加申□可為軍忠肝要存候

義鎮

天正六年寅八月
河野佐兵衛とのへ

史料4大友宗麟　『大田村誌』
就今度日向国発向之儀
従最前以出陣

所々手仕事軍労之段感心候
猶可被励忠貞之事肝要候
子細吉弘左近太夫（鑑理）可申候
恐々謹言
正月一一日　　　【注】天正七年と推定
宗麟　（花押）
河野傳兵衛入道殿
同　和泉守殿

【注記】

『河野氏伝承』によると、河野鎮通は、耳川の役で戦死したと伝えられている。河野傳兵衛・同和泉守は、耳川の役（天正六年一一月）の終結後に感状を受けているので、河野佐兵衛が感状（天正六年八月）を受けた後、戦死したものと推定される。また『同伝承』によると、佐兵衛は鎮通で、大友義鑑の二女を娶った。傳兵衛入道は統通、和泉守は統氏である。

統通は国崎郡武蔵郷朝來半分地（弁分村、白木原村）を給わる。

【関係図】

大友義鑑
- 義鎮→義統
- 義長（晴英）
- 女

河野鑑通→鎮通

（女と鎮通の子）統通
- 統氏→通定→通里
- 通兼→通方→通吉

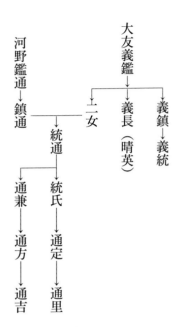

四章　大友氏の国除処分と河野傳兵衛統氏

天正一九年（一五九二）大友義統は、秀吉に朝鮮出兵のため、大船二艘、中・小八〇艘と武将、従卒等八〇〇〇人の奉仕を命ぜられた。

これ等の船に、騎馬武者一三七人と八〇〇〇の従卒が乗り込んだが、その外に馬、食料、酒などを大量に積み込んだ。

大友軍は、中津の黒田長政軍とともに、三番隊を編成し、一番隊の小西行長軍の後方に備え、補給路の確保と繋ぎの城の構築・維持の任についた。一番隊の小西軍は釜山浦に上陸し平壌を目指した。黒田・大友の三番隊は、金海口に上陸した後、一番隊の後を追って進撃した。

平壌を落した一番隊は、さらに北上し、明との国境近くまで攻め寄せた。ところが李如松の率いる二〇万の明の大軍が国境を越えて朝鮮に侵入し、一番隊の籠る平安城を包囲した。

小西行長は持ち堪えられず後退し、三番隊の大友軍の拠点である鳳山城まで引いた。

ところが、その城を守っているはずの大友軍は、後方に撤退した後だったので、行長はここで踏みとどまれず更に南下し、平壌まで後退した。

行長は、この状況を九州の名護屋城の秀吉に注進した。

名護屋城で、総指揮をとる秀吉は、早速、部下を現地に派遣して、調査してみると、行長の輩下の小河傳右衛門の、「行長が討ち死にした」との沙汰を信じた大友義統が、鳳山城から黒田長政（三番隊頭）の守る繋ぎの城へ引きさがり、さらに小早川景隆の陣まで転進していたことが分かった。

秀吉は、大友義統のこの行動を敵前逃亡と認定し、豊後一国の知行を没収する裁決をした。そして、義統の身柄を周防長門の毛利輝元に預けた。

そのためか、朝鮮における大友勢の行動を期した史料はほとんど残されていない。ただ、同じ三番隊に属した黒田軍の行動を記した黒田史料から、窺い知ることが出来る。

黒田軍（三番隊）は、朝鮮国の御陣のとき、對馬豊崎より朝鮮へ渡海した。小西行長軍（一番隊）が一日先に渡海した。

三番隊頭を勤める黒田長政は、朝鮮へ渡る船の中で、一番隊が釜山海の城（巨済島の城）を攻略すると聞いた。

そこで、黒田は、一番隊の後を追って京城へ進撃するのが良策と考え、釜山の西の金海口へ上陸した。

ところが、朝鮮勢が人数を繰り出して合戦となり、朝鮮人を少々討ち取った。敵勢は金海城に引き籠っている。その夜、長政は無理に攻籠め、金海城を攻め落とし、敵数百人打ち取った。

三番隊は、頭黒田長政、旗本大友義統の指揮のもと、それより京城へ打ち入った。

小西行長の率いる一番隊は二日後に京城へ入城した。その後追々加藤清正の率いる二番隊も朝鮮へ到着した。

こうして、一番隊から八番隊が、朝鮮に揃ったところで、各隊の担当地域が定められ、三番隊（黒田軍・大友軍）は、朝鮮半島西方の黄海道を分担することになった。

ある日、日本より上使として黒田如水老が朝鮮に到着した。秀吉の命により監察使として、戦況を報告するためである。

長政は、如水との父子対面の準備をしていたところ、奥地の朝鮮勢が多数集まって如水を取巻くとの情報があったので、急遽、平壌で長政との対面を果たした。

小西行長の率いる一番隊は、最北部の平安道の担当となり、同地へ罷り越したところ、平安城に朝鮮国王が立て籠っているとの沙汰あったので、長政と大友の率いる三番隊は、一番隊と合流して平安道へ向かって進軍した。

平安道まであと四キロのところで、三番隊は、小西から上の瀬で川を渡って平安城へ進軍すべしとの命令を受けた。

三番隊の大友軍は上の瀬へ迂回し、黒田軍は小西の一番隊を援護しながら前進した。その後、大友軍の先手の者が、一番隊に追いつき合流したが、日暮れとなったので、平安城の川向の一番隊の陣所で宿った。

一番隊の陣所を襲うため布陣していた敵勢を、夜明けを待って、長政は黒田軍の先鋒を率いて川を渡ってこれを急襲し、敵を川へ追い籠めた。

だが敵勢も反撃に転じ、黒田軍に対して攻め寄せて来た。

黒田軍は、度々馬で敵陣へ乗込み、多くの敵を討取った。

この戦の最中に、長政は、一人の腕効きの敵兵を追い回し、敵陣深い所まで乗込み、彼者を二刀切りしたところに、彼の敵兵は、切られながらも長政の具足の草摺《くさずり》に取り付いた。長政は川中へ引き落とされたところを、黒田軍の渡邊平吉と申す武将が長政を引上げた。

そして、其の夜、朝鮮王は、平安城を明け退いたので、翌日、小西の一番隊は平安へ進軍して、平安城を占領した。

他方、三番隊は南下して、分担地の黄海道へ進軍し、大友軍は鳳山城に、黒田軍はさらに南下し海州というところに陣所を築いた。

平安城の一番隊は、敵勢からの攻撃を受けることなく、平穏な日々を過ごしていたが、入城して五七日過ぎたある日、突如として、北から国境を越えて明国の二〇万の大軍が押し寄せ、小西行長の居城平安城へ押込み合戦となったが、数に勝る明軍の猛攻に小西は打負けして、南に退却させせられた。

一番隊の配下・小河傳右衛門は、命さながら大友義統の守る鳳山城へたどり着き、「小西こと大明人より切崩され相果てられ候間、此城抱へ候事、なるまじく候間、罷退き候へ」と注進した。

傳右衛門は、一服の力水を口に含むや、次なる黒田長政の陣する白川へ駆けだしていった。傳右衛門の注進によって、大友義統は、主なる家臣を集めて評議したところ、三番隊頭・黒田長政の返事を待って引くか否か決することになった。

そこへ、長政のところから戻って来た傳右衛門は、「長政公は先ず義統公が先へ御退き候へと申越され候」と注進したので、大友軍は小早川景隆の帯陣する城へ転進した。

この転進が敵前逃亡になるか否かは、もちろん秀吉の判断によるわけであるが、小西行長の退却で頭に血が上って冷静を失っていたとしても、秀吉の裁定は天の声である。

秀吉は、大友義統の転進を敵前逃亡と裁定した。

建久七年（一一九六）、大友能直が、頼朝から預かった軍勢を率いて、豊後国速見郡浜脇浦に上陸してから四〇〇年、紆余曲折はあったけれど、宗麟の時代となって戦国の大大名として君臨した大友氏が、武士として最も屈辱的な「敵前逃亡」の汚名で、国除処分されたことは、大友義統にとって万死に値する。しかし、義統は死を選ばず、石垣原合戦で大友再興を懸けて戦ったが、武運拙く敗北し幽閉の身で一生を終えたことは、さぞ無念であっただろう。

これとは対照的に、大友氏の傍流で、最も忠義を尽くした家臣木付氏の大友仕置（国除）による悲劇の物語が伝えられている。

鎌倉期から戦国期にかけて、筆者の故郷である大分県杵築市城山に築城されていた木付城の最後の城主木付統直の門司浦の入水自殺である。

『速見郡史』は次のように記している。

「文禄元年（一五九二）豊太閤（秀吉）朝鮮を征す。統直（木付）、義統（大友）に随い、嫡甚九郎直清を初め一族同苗五人騎馬の士三三騎、歩卒七七人都合合わせて一一五人を率いて渡海する。翌年大友氏国除と共に大友軍解除せられ、統直帰途門司浦に来り、辞世を遺し自刃入水して死す。

文禄二年六月二五日、豊前小倉より飛脚参着、朝鮮国にて大友義統国除せられ、子息木付三郎左衛門帰朝に際し、去る二一日門司浦にて自殺された由の注進あり。すでに隠居していた鎮直は、夫人を招き、今や宗族滅ぶ、君の辱めを留めれば臣死す、我、終焉の時到れりと自刃して死す。夫人また後を追う。」と。

木付三郎左衛門とは、木付城主一七代木付統直のことで、鎮直とは、統直の父で一六代城主である。木付氏の初代親重は、大友氏二代当主親秀の六男で、兄頼泰は大友氏の三代当主で、八坂郷木付村の速見武者所奉行人となり、その後、五田の西方の丘陵に竹ノ尾城を築き、城主となった。

その後、八坂川の河口の臥牛山（現杵築城のある山・前掲写真）に城を築き、一七代統直まで約三〇〇年城主を相伝し、主君大友氏のため忠義を尽くした。文永・弘安の役では、大友頼泰に従って元（蒙古）軍と戦い、勢場が原の戦いでは、国東武士を率いて参戦し、大内軍を打ち破り勝利に貢献した。

また、田原親貫の乱では、安岐城に立て籠もる親貫勢を攻め敗走させた。

さらに、豊薩戦争では、木付城は薩摩軍に包囲されながらもよく持ち堪え、勝山城と呼ばれた。

このように木付氏は、下剋上のまかり通った戦国時代にあっても、なお、主君大友氏に刃を向けたことは一度もなく、大友氏のために働いた家臣で、大友義統の国除に絶望して滅亡の道を選択したまれに見る忠臣であったことは、すえ長く語り継がなければならない。

ところで、桜井成昭は、研究報告『大友吉統について―戦国時代の記録と記憶』の中で、義統の人物像を次のように分析している。（文中の「吉統」は「義統」と同一人物）

「吉統は天正二〇年四月に釜山浦に上陸したのち、朝鮮半島を転戦し、八月二五日に鳳山城に入城していた。しかし、一連の戦いの中で、吉統は戦地での抵抗が根強いことを認識していた。・・・中略・・・兵糧の調達が困難であることや待ち伏せ攻撃による被害などを問題視しているることは、この戦いの課題を端的に示している。

あえてここで留意すべきことは、兵糧や人員不足を指摘し、戦況を冷静に分析する吉統の姿である。こうした吉統の姿勢は、戦いに決して積極的でなかったという評価とともに冷静な現状分析をなしえたという評価もできよう。戦いに関する最終的な決定は、戦場から遠く離れた秀吉のもとにあったことを踏まえるならば、吉統は状況を冷静に見つめていたがゆえに、文禄二年一月の戦いで戦況が芳しくない中で、鳳山城を放棄したのかもしれない。確かに、文禄二年四月に休戦し、明・朝鮮の降伏を勝ち取ったとはいえ、当初の目的であった征明（明国を征服する）にいたらなかった中で、冷静な状況分析と対応は、臆病という評価と等式で結ばれ、大友吉統は敗戦の責を負わされることになったといえる。朝鮮出兵などで、大友吉統という人物像については、「臆病」という評価で語られることが少なくないが、ここでは前述したような吉統像を提示した。それは、秀吉による九州仕置と朝鮮出兵という状況のなかで、吉統は豊後除国という結果を生み出した存在として、より否定的に語られてきたのではないかと考えたからである。換言すれば、大友吉統像ひいては父親の大友宗麟像は、語られた戦国の記憶であり、いわば等身大での人物像あるいはその事跡の多面的な評価は今後のおおきな課題といえる。」と。

【大友義統手勢出陣一一六騎面付】

斉藤三左衛門・門司勘解由允・胡麻津留新介・田原与兵衛尉・野上七左衛門・佐田権正・大津留主馬允・志賀湖左衛門・富来作衛門・大神兵部少輔・綾部左近大夫・吉弘加兵衛・大神賢介・臼杵神左衛門・田北平助・衛藤又衛門・豊饒弾正忠・小田原又左衛門・寒田雪介・吉良傳衛門・一萬田民部少輔・志賀三郎右衛門・上野弥平次・木付三郎右衛門・柴田三郎右衛門・石合右京進・斎藤志摩守・平井兵部少輔・吉弘藤右衛門・鶴成兵部輔・志賀左近允・田吹三左衛門・田北次衛門・古庄喜右衛門・疋田太郎介・斎藤主馬允・田尻次郎左衛門・今村喜介・本庄源太・板井桐介・中村左京進・河野傳兵衛・法花津半介・橋津掃部介・天徳寺小六・原田舎人佐・成松覚進・加来中務少輔・利光内宮少輔・馬場右近大夫・田北治部少輔・富来雅楽助・清田味老右衛門・城後覚内・葛西久兵衛・深栖七右衛門・臼杵舎人允・本木佐馬介・富来右馬介・菅新右衛門・林九左衛門・右田近介・下村治部少輔・徳丸源右衛門・谷川権進・岐部掃部介・若林甚内・高畑吉左衛門・深栖大蔵介・寺内治部少輔・吉岡掃部介・富来権太・吉永茂太・永松内蔵頭・平林甚左衛門・斎藤弥右衛門・古庄甚左衛門・法花津民部少輔・斎藤膳内・鳥羽平左衛門・佐田源右衛門・敷戸武介・田原進士・吉弘与左衛門・古後玄番允・田村作進・飯田三衛門・古庄右馬介・大津留留典允・原田三郎・野町平蔵・佐藤右近允・下郡縫殿介・下郡源右衛門・胡麻津留弥介・

田染甚左衛門・戸次弥平・知恩寺・松岡長介・永富与右衛門・京都中務少輔・桜井甚右衛門・平河次右衛門・宇野津喜介・帆足兵庫介・市川左馬入道・臼杵又兵衛・稗田内記、市川宮内少輔・吉弘掃部介・古庄四右衛門・雄城将監・石合門介・市川作介・田染式部少輔・朽綱式部少輔『志賀文書』

木付三郎右衛門属【木付騎士三三騎面付】

西弾正忠盛・東杢之進直郷・大倉丞直久・是久次郎左衛門直信・岡平兵衛尉・竹下忠左衛門尉・中川兵部丞・常広越後・財前兵庫丞・大津内蔵助・伊東掃部助・二宮五郎左衛門尉・中村左衛門・堀外記・広岡甚左衛門・諸富兵左衛門尉・宇都宮藤兵衛・矢野志津馬・渡久十郎兵衛・横瀬一学・阿部弥忠太・専頭官左衛門・生久隼人・洲賀平馬・元田三十郎・中山源吾右衛門尉・本島与惣兵衛・工藤登之助・井口般若助・安倍十左衛門・財前左忠、高橋新大夫、今村仁左衛門。

五章　石垣原合戦と河野傳兵衛

文禄二年（一五九三）戦国大名大友義統は、朝鮮戦線での無断撤退を責められ、秀吉によって、「国除」の処分を受け、知行三七万石を失い、家臣から足軽・従卒等に至るまで、すべての輩下の者どもは失職した。義統は死一等免れたが、毛利輝元に引取られ、周防長門に幽閉され世捨て人同然の身となった。

慶長五年（一六〇〇）九月一五日、秀吉の死後の権力の争奪をめぐって、毛利輝元軍（西軍）と徳川家康軍（東軍）は、関ヶ原で合戦に及んだ。西軍の大将輝元は、石田三成と秘策を練り、毛利家の預かりとなっている大友義統に、旧所領豊後国入りを勧め、旧臣を集め大友家再興の旗揚げをするよう話を持ち掛けた。

軍略に長けた輝元と三成は、関ヶ原の戦いで西軍の勝利のため、九州・四国においても戦を仕掛け、徳川に味方する西国勢を国に釘づけにして分散することを狙った。

かねてから、義統は、四〇〇年前の初代当主・大友能直から相伝した、豊後国の所領と大名職を失った、口惜しさと自責の念から、大友氏再興を夢見ていたので、輝元の提案を断る話ではない。

義統は、このまま幽閉生活を続けて一生を終えるよりは、たとえ敗れるにしても頼朝以来の名門・大友氏の名誉回復のため、豊後国の地で旗揚げして死すべきと固く心に決めていた。

その頃の九州の情勢は西軍優勢の状況にあり、ただ豊前中津城の黒田長政の父勘平如水は東軍勢力であった。義統はこの九州の情勢を把握していて、西軍勝利と分析していた。

その頃、黒田長政は、主力軍勢を率いて家康のもとへ馳せ参じていて、中津城には黒田如水と留守衆が詰めていた。如水は、度々使いを出し、義統に東軍への寝返りを勧奨していた。

義統の有力な旧家臣である田原親賢・吉弘嘉兵衛義幸らは、東軍が優勢とは考えていなかったが、筋を通して、東軍に与するべきであるとて義統を諫言した。

すなわち、大友は敵前逃亡の罪によって、秀吉によって国除処分になったが、この処分について、大友の旧臣たちは、小西行長軍の敗走と行長の戦死の報を信じた、大友軍の後方撤退は、異国の混乱した戦場で起きた状況を考慮すればやむを得ないことではないか。

行長の戦死は、結局のところ誤報であったが、大友に確認する手立てはなかったと思う。しかも、同じ三番隊に属する黒田長政も、後方撤退したが黒田は軽い処分で、大友は「国除」という重い処分を受けた。

したがって、秀吉の処分は極めて不公平であるから、鬼太閤と言うべき秀吉の嫡男の秀頼を擁立する西軍に大友義統が加担することは、きわめて道理に反することになると諄々と説いた。

しかし、毛利輝元と石田三成に乗せられた義統は、「先祖に対して申し訳ないことをした。いま一度、大友を再興して先祖の御恩に報いる」との一念から、頑として旧家臣の諫言を跳ねのけた。

黒田如水は、豊後勢の切り崩しに取り掛かった。如水が目を付けたのが、豊後高田の城主竹中源助である。

七月一七日如水は、中津の豪商、伊与屋弥右衛門の宅を訪れた。そこには竹中源助が座についていた。如水が源助を密かに招いていたのである。

如水は人払いをした後、源助に耳打ちした。

「倅黒田長政は江戸内府に奉公している。内府（家康）は其方に恩賞はたっぷり与える。是非もなく内府に肩入れされよと申され給われた」と伝えた。

突然の話に源助は一瞬戸惑ったが、源助はすぐことばを返した。

「それは勿体なき御詞に存じ候」

如水は百戦錬磨の強者で、権謀術数に長けた無双の老公で、源助の腹の内を即座に読み取った。

如水は手を叩き弥右衛門を招き入れた。

それから饗応に移り、町人に踊りを踊らせ、酒を酌み交わし、座は一時に盛り上がった。そこへ近習の田代彦助（旧大友家臣と推定）が小走りで近づき如水に耳打ちした。家康が兵を率いて江戸を発ったとの一報である。

再び人払いとなり、如水と竹中源助は密着して話し込んだ。

「只今大坂に召し置きたるそれがしの留守居の者より注進申されば、周防長門の毛利輝元が大将となり、東軍の鳥井彦右衛門が立て籠もる伏見城を近日攻める由にて候。城は平坦にして、三の丸を取り候らはば、松ノ丸、本丸はやがて落ち申すべき候。然れども、畢竟家康公の御敗けになると申すことは、ゆめゆめこれ無き事なり。何としても、結末の御勝ちは内府（家康）公につき申すべき候。それがしは偏に内府方にて候」と、如水が熱っぽく口説けば、

竹中源助は答えて曰く。

「我も、もっとも左様に存じ候得。今申合わせする上は、往（将来）を以って少しも違変あるまじき由」と申されて高田の居城へ帰られる。

だが、そうは申したとはいえ源助の逡巡すること幾度か、城に戻り堅く門を閉じたそうだ。ちょうどその頃、戦に備えて中津城は普請の真最中で、如水は天守に上がり、勘定奉行杉原一葉を召された。

天守の金銀多数取り出させ、広間に積ませた。

そして如水は下知した。

「何人であれ、奉公に出ると申す者があれば、其の品々を嫌がらず与え、またこの金銀もやって、人を抱え召すべし」と申された。

また、「斯様な時は、社《やしろ》の修理は必要ない。いま必要なことは、金銀が不足してはならない。まず家中の面々に応じて配当すべし。隣国は、皆敵にして寄り来る人も稀である。諸士の不足を救い給え。諸浪人を招き給え」と。

倅長政は、黒田軍の主力を率いて江戸の内府（家康）へ奉仕していたので、中津城は老公如水が留守居役で、抱える将・士卒衆も少なく、とても戦をするほどの戦力勢は居なかった。

そこで、如水は金銀で士卒・浪人を駆り集め、軍を編成した。如水の焦りが手の取るように見える。

また大坂におわします北の御方（如水の室）正福院殿と長政の北御方大淳院殿が、大坂方（秀頼）に人質などに取られるかも知れないので、慌てて大坂より脱出して中津へ来られるのだと、如水は大息をついて二人にお心遣いされていた。

やがて家中の者が中津川の沖に船見え来たと申す。いずこの船であろうかと見ていると、宮岐綾部が、正福院と大淳院殿を大坂より脱出させて、御供してきたと申し下船された。

磯近くになって人々は、急ぎ如水公へ覚を言上したところ、如水公の御喜びは無限であった。

さて、大友義統は、豊後へ向かって出発するに際し、毛利輝元より、兵一〇〇〇人、馬一〇〇四、具足一〇〇領、長柄槍一〇〇本、鉄砲三〇〇丁、銀子三〇〇〇枚を下された。渡船も毛利が準備し勇躍国東半島へと船出した。途中で大神村の深江湊に寄港して、東軍の拠点である木付城の様子を探った。

木付城（杵築市城山）は、大友氏国除後、細川越中守忠興の所領となった。細川の本領は但島国であるが、城代松井佐渡守、有吉四郎左衛門が木付城を居城としていた。

木付城では、松井康之が、近隣の村々の庄屋を呼び出し、城内の空地の急拵えの小屋に庄屋を人質として囲った。その目的は、百姓たちが大友軍に協力すれば、庄屋を一人ずつ斬殺すると脅迫して、百姓たちが大友軍に加勢するのを阻止するためである。

百姓たちは、庄屋を取り戻そうと城に集まり、城を取り巻いて気勢を上げた。その数は四〇〇人を超えた。城内に篭る細川勢も四〇〇人である。

そこへ、吉弘嘉右衛統幸、田原親賢も駆け付け軍議の結果、毛利輝元の兵一〇〇を長門に帰して、主戦場を石垣原（別府）と定めた。

その後、義統は別府の浜脇浦に上陸し、旧臣を集めて軍を編成し石垣原に布陣した。

これと対峙したのは、黒田如水が率いる中津城の黒田の留守隊（本隊は倅黒田長政が率いて江戸にいた。）と、木付城（細川忠興の城代松井康之）に立て籠もっていた細川の守備隊である。

河野傳兵衛に率いられた国東武士六五騎は、安岐郷田原荘の大内山城（高山川近くの大内山とは別）に集結し、鬨の声を上げ、隊列を組んで木付城へ向かった。馬場尾の近くの白水で吉弘嘉兵衛統幸が率いる隊と合流した。

城下に入ると、百姓たちが駆け寄り、城内に近隣の庄屋たちが多数捕らえられていると口々に訴えた。

八坂川沿いに城鼻に近づいてみると、城の周囲を百姓たちがこん棒を持って取り囲み、気勢を上げていた。

大友の嘉兵衛統幸が、城内の敵と懸合うこと二度・三度を下らなかったが、松井康弘はいずれも拒否した。

ところが、城内に籠る細川勢の中に、木付氏（大友傍流）の旧臣がおり、嘉兵衛統幸に内通する者がいて、その者の手引きで、百姓たちは徐々に城深く押し込み二の丸に迫った。

そこで、木付城代の松井康之が、伊美郷赤根峠に走り如水に救援の使者を遣わした。

如水は直ちに別動隊を派遣した。

井上九郎左衛門尉・野村市右衛門尉を大将として、後藤太郎助、森与三郎、時枝平太夫、久野次左衛門尉、曽我部五右衛門尉、池田九郎兵衛尉、黒田安太夫、都合その勢三〇〇〇騎からなる別動隊で、如水の率いる本隊と別れ、救援のため木付城へと向かった。

赤根峠から夷谷《えびすたに》へ出て両子山の山麓で二手に分かれ、井上勢は朝來野川に沿って諸田から中村、弁分を通り安岐川を渡り、山浦、橋上から山を越えて岩屋に出て、高山川に沿って一気に坂道を下り降り鴨川に達し、そこから木付城下を目指した。他方、野村勢は両子山麓から西行し、白木原川に沿って下って、白木原、俣見、赤水、沓掛を経て、石丸から、波多方峠を越えて馬場尾の白水から城下を目指した。

この時、黒田軍来たるとの報に、大友の嘉兵衛統幸は、かねての作戦の通り、城の囲みを放って、主戦場の、南立石の石垣原（別府）へと向かった。解放された庄屋と取り囲んでいた百姓たちの中には、裸馬に跨り、嘉兵衛を後追いする者もいた。

木付城下に火起こり大方焼き尽くし、黒煙は風に流され城山を包んだ。

黒田の井上九郎左衛門は、馬の手綱を引き、立ち止まり、思わず「落城か」と大声で叫んだが、直ぐに気を取り直して、駆け足で城下に入った。

縄で数珠繋ぎにされた庄屋たちが、逃げ遅れて道端に倒れていた。商人町はもちろんのこと、両側の武家屋敷も焼失していた。

城下は廃墟と化し人の姿はまったく見えない。安住寺の大松のところに一人の町人風の男がいて、大勢の侍たちが馬に跨り、「いざ石垣原へ参れ」と口々に叫んで、八坂川の上流を目指して駆け抜けて行ったと教えてくれた。

その町人風の男が嚮導《きょうどう》となり、八坂川を渡り、野田・相原・日出・豊岡を経て石垣原へ急いだ。実相寺山の麓に、手ごろな農家を探し黒田の陣とした。山に登れば大友の本陣が見える。その間は三町ほどと思われた。

石垣原の大友陣営には、すでに、国崎郡・速見郡・大分郡・大野郡・海部郡・日田郡等の旧臣たちが集まっていた。

主戦場となったところは、現在の九州大学別府病院の近くの荒野で、鶴見岳の噴火で噴出した巨岩があちらこちらに散乱し、大小の石塊は一面に限りなく敷き詰められ、起伏のある大地を荊《いばら》の小木が地面を這いようにへばり付いて繁茂していた。この荒野を駆ける人も馬も、足を取られ、縦横に駆け巡ることは甚だ難儀である。

この荒野を見た大友の総大将吉弘嘉兵衛統幸（三六才）は、騎馬戦で雌雄を決することは難しく、鉄砲隊の活躍で勝敗は決すと判断した。ところが、大友軍は正規軍でないので、鉄砲の数が少なく、毛利輝元から提供された三〇〇丁と、旧臣が持ち寄った僅かばかりの丁数で、如水の鉄砲隊八〇〇にはとても及ばなかった。

翌日の朝、吉弘嘉兵衛統幸は大友義統に対面して言上した。

「今回の戦いは、わが軍は精鋭の武士勢であるが、鉄砲隊の人数が少なく勝利は覚束ない。大友の恩顧を受けた旧臣たちは、旧君のために命を惜しむ武将は誰一人としていない。もちろん我も命の限り戦ってご覧にいれましょう。某は二度と御恩顔を拝する時は無いものと覚悟し候」と言い終わって、凄然《せいぜん》（痛ましく悲しい）、流涙《りゅうるい》して大友本陣を去っていった。そして河野傳兵衛ら国東武士の待つ吉弘陣営へと急いで戻って行った。

この日、黒田の井上九郎右衛門、野村市右衛門等は実相寺山の西方の加来殿山に陣営を置き、味方の軍は痛く破れ、大友の兵は皆、憩いて涼を取っておる有様であった。

井上等は、頗る気を引き締めて兵を指図し、馬を下り歩いて大友勢の布陣に向かって進んだが、大友の兵は厳として動く色は全く見せなかった。

そこで、さらに接近すると、大友方は一斉に起きて矢を放ち、鉄砲を発したので、井上の配下の大野久弥が、自ら名乗ってまず進んだ。

時に大友の深栖《ふかす》七郎右衛門はこれに応じて、互いに槍を持って戦かったが、勝負が尽かなかったので、槍を棄て、刀を抜いて接戦に及んだ。それでも、決着が付かないので、遂に刀をも棄て、組打ちして遂に久弥が深栖七郎右衛門を滅した。

久弥の兄大野勘右衛門が次いで進む。大友の小田原又左衛門も勘右衛門の放った矢を受けて倒れた。

この時点で、大友勢の気勢はやや衰えを見せ始めたが、吉弘嘉兵衛門統幸は兵を固くして敢えて進まなかった。

黒田の井上等は、大友方にまだ余力があると見て容易に迫らない。

嘉兵衛門統幸は、そのうち、黒田の兵は必ずや隊伍を乱して迫って来る。その時に乗じて、鉄砲で撃って出る計を立てていたが、いま、井上等がしつこく追撃して来ないのを見て、むしろ我より進んで決戦すべしと、攻勢に打って出た。嘉兵衛門統幸は兵二〇〇〇余を率いて徐々に前進する。井上等は立止まって大友勢の接近するのを待つ。

遂に両軍勢は、小川を挟んで相接し戦うこと数刻。井上の軍勢はほとんど敗れた。

黒田の野村市左衛門は、兵を分けて別隊をつくり、横様に嘉兵衛門統幸の軍勢を衝いた。

井上の配下の勇猛果敢な卒兵、後藤左衛門は、迂回して嘉兵衛門統幸勢の後ろを襲った。

嘉兵衛門統幸の兵は大いに奮戦するが、井上、野村等は、敵兵が攻めて来ればこれと戦い、敵兵が去れば敢えて追うことをしない。

朝鮮遠征の時、黒田軍と大友軍は共に三番隊に属して敵と戦った戦友同士だが、いま立場を変えて敵味方に分かれて戦っている。

平安城の攻防戦で勇猛果敢に戦って落城させた大友の吉弘嘉兵衛統幸は、長身で武術に長け名将であることを知らない者はいない。

彼はこの時、朱柄の大槍を揮い、近くの者を悉く打ち殺し、進んで井上を目指し大声で叫んで曰くは、「其方は井上九郎左衛門にあらずや、我は吉弘嘉兵衛統幸なり。いずくんぞ進んで決戦を試みざるや」と。

この時、井上九郎右衛門もまた、手に十字槍を握り、忠内が堀（地名）の空地を隔てて、其の岸上に対立し、一騎打ちを約して、両人は神妙に決戦に臨んだ。

井上は、身短くして力弱く、勢い固より嘉兵衛の敵ではなかったが、嘉兵衛と鋒を交えていたところ、井上が、偶々嘉兵衛の冑緒を断ったため冑が前に傾いて嘉兵衛の眼を蔽った。そこで、嘉兵衛は、井上の槍を押しながら少し退いた時、井上は、嘉兵衛の左腋下の鎧の隙間より青色の襦衣が見えたので、そのすき間を目がけて十字槍を捻じり刺した。

この日、嘉兵衛は、不覚にも左腋下の刺傷が深く重傷を負ってしまった。

そこに、黒田の後藤左衛門が進んで来て嘉兵衛を刎ねた。

嘉兵衛が斃れた後、代わって国東武士勢の指揮を執った河野傳兵衛が、黒田勢に攻め掛かったけれど、武運拙く討ち死にした。

木付城代、松井康之・有吉立行が熊本の八代城主細川忠興に報告した「大友義統衆討死交名」（べっぷ文化財NO四四所収『八代市博物館』）義統ノ衆討ち死分（五四人）

吉弘加兵衛・宗像掃部・木邊左今・竹田津志麻・豊饒弾正・清田味左衛門・豊饒新助・上野六郎・原田舎人・深津七右衛門・下郡治部・今村喜介・同弾助。富来兵内・吉良傳右衛門・原田勘右衛門・田尻吉蔵・伴覚右衛門・小田原又左衛門・市川二郎作・永富九郎・原田勝六・橋本加右衛門・原田休傳・深津かに介・野上平介・柴田治右衛門・平林津介・秋岡式部・久光道有・山下豊前・大津る主馬・胡□津る与七・久我統治・じゃうごノ覚内・中村左京・同三郎・長松新左衛門・小木兵庫・坂井五右衛門・石懸半介・胡□津る左近・覚蔵坊・甲斐新八・石懸六助・かすや内介・臼杵九兵衛・市川喜介・臼杵忠右衛門・曽我衆右衛門・川野兵介・川野傳兵衛・板井宗介・上田七内。

その外、深津七右衛門は深栖七郎右衛門、永富九郎は富永与左衛門、伴覚衛門は摂津覚衛門、長松新左衛門は永松新左衛門、木邊左今は岐部玄達の誤記と思われる。大友勢が石垣原へ移動する際相原で討ち死した柴田治左衛門が欠落している。なお首実験の際、大友方生け捕り武士から聞き取った交名なので、一部に不正確な表記がある。

【注記】川野傳兵衛は河野傳兵衛の誤記である。

赤間峠の近くに夷谷がある。今は紅葉の名所として県外からも見物客が訪れる。大友氏の国除（一五九三年）の後、一時国東半島は黒田氏の支配下に置かれた時期があったが、その頃、四国南予の領主（守護大名）宇都宮勢の一部の者が、秀吉の四国征伐に抵抗して国東半島に逃れて渡海してきた。宇都宮氏の源流は関東の栃木の豪族で、その支流が豊前国に下向したが、さらに四国の伊予国南部に追放され、その地で守護大名となり、秀吉の四国征伐まで存続した一族である。

宇都宮一族の城井《きい》鎮房は、豊前築上城主であったが、中津城主黒田長政によって中津城に誘い出され、謀殺されて城井一族は滅亡した。

秀吉の四国征伐によって南予から豊後国東半島に逃れて来た宇都宮勢は、国東半島のえびす谷の洞窟に隠れ、漁師に化けて中津川口にある中津城下に侵入して小規模なゲリラ戦に屡々及んだ。宇都宮一族の意趣返しである。

木付城を守る細川勢の援軍として、中津城の黒田如水の軍勢が赤間峠に帯陣したその夜、洞窟に隠れていた宇都宮勢は、馬に乗り如水の夜陣を襲った。連なる険峻な山谷に如水勢を誘き出し現れたところを、上から丸太を落し、石矢で射掛け、武将二人を討ち取った。もちろん宇都宮勢にも犠牲者は出た。その時の戦死、負傷した者の名簿が残されている。

【名簿】

（戦死）

小山田種長・片山安之・朝倉国之・一丸時之・時枝且信・熊谷政安・支納景政（隠れ山

で戦死）
安藤義時（鳥越で射殺）
須郷照民・穴井氏清と子時千代・井上且信、津崎蔵人・津崎四郎（横竹で戦死）
（負傷）
香々地迫村　一丸且重・香々地唐□　広瀬勇海入道房国
長小野村　　諸田飛騨守
見目村　次郎丸左源太文且・徳丸兵部少輔忠常
香々地五郎丸　五郎丸相模忠処・五郎丸民部大輔高政
夷村　鬼丸大膳大輔　鬼丸左近大輔盛秀
迫村一丸　松成遠江守兼之
香々地苗田　苗田権正忠秀

第六編　豊後国大野・国崎・速見郡の河野氏

一章　河野通孝は河野孫四郎

『波多方板山河野氏伝承』の人物のうち、河野四郎左衛門については、二階堂行政の曾孫で、国崎郷の地頭代官職を帯していたとすでに比定したが、もう一人の河野通孝についても解明すべき永年の課題であった。

だが史料がほとんどなく、先祖の残した資料にも苦悩の跡が窺われる。

そこで、僅かな資料をもとに大胆な推論を試みることにする。

『河野氏伝承』によると、「通孝為九州探題大友親世軍転戦於鎮西依功賜豊後朝海荘地改職」とある。『河野楽備忘録』

この伝承を、次の『大田村誌』所収の『入江文書』及び『西征将軍宮』から、読み解くと次のような史実が見えてくる。

「文中二年（一三七三）、豊後で、大友親世は今川了俊に応じ、この地の南朝軍に抗せしが、この年の秋に至り、大野城（鎧城と推定）に南朝軍起りたるにより、親世これを攻め、更に肥前において了俊の軍に参加して転戦せり、この年九月八日、田原氏能は大友親世に招かれて肥前宮浦の陣より帰り、豊後大野城（鎧城）を攻め、更に直入郡に戦い、次いで玖珠郡に入り、小田大和守を高勝寺に討つ」

この史実から、前掲『河野氏伝承』を読み解くと、九州探題とは今川了俊のことで、文中二年（一三七三）、「通孝は九州探題軍（今川了俊軍）麾下に属した大友親世軍の一人の武将として鎮西（九州）において転戦し、軍功によって豊後朝海荘を賜り改職為す」と読める。「改職」とあるから、「前職」から「後職」に転補された。そこで前職とは何か考えるに、前述した国崎郷地頭代官職が考えられる。

これより前の歴応四年（一三四一）、河野捨四郎が国崎郡来縄郷内福成・吉久名の田原貞広の所領を押領しており、さらに、康永三年（一三四四）八月二五日付河野通継の施行状案の端書に、「大友方代河野孫四郎状」を確認できる。（前掲石野弥栄『中世河野氏権力の形成と展開』）

この河野捨四郎（一三四一年）・河野孫四郎（一三四四年）と河野通孝（一三七三年）との関係であるが、大胆な憶測をすれば、河野孫四郎が河野通孝と同一人物と考える。

何故なら、捨四郎は、歴応四年（一三四一）、来縄郷の田原貞広の所領を押領しているので、文中二年（一三七三）九月八日、田原氏能と共に、豊後大野城（鎧岳城）、直入郡・玖珠郡で戦うとは考えにくく、消去法で、孫四郎が残るからである。

すでに述べたように、国崎郷は国領で、二階堂行政の末裔が、代々地頭職を相伝し、娘婿の河野通末が地頭代官職を帯し、通末↓四郎左衛門行通↓行真↓通秀↓通時↓通孝と相伝されたと考える。

河野孫四郎の肩書、「大友方代」は国東郷地頭代官職を指しているのかも知れない。つまり、通孝は国東郷地頭代官から大野郡大野郷朝海荘の地頭代官に転補されたと推測する。そして、豊後河野氏の本流は、国東半島から離れて大野郡野津院朝海荘に定着した。

二章　国崎・速見郡と河野氏

弘安八年（一二七四）の『豊後国図田帳』によると、中世の国崎郡は、八郷（国崎郷、武蔵郷、安岐郷、伊美郷、来縄郷、田原郷、田染郷、香地郷）六荘一島（姫島）に分かれていた。また、速見郡は、三郷（山香郷、朝見郷、本郷）七荘六村三名に分かれていた。

元田染村富貴寺の文和二年（一三五三）の棟札には、「大日本国豊後州早見郡蕗邨阿弥陀堂」と記されている（渡辺澄夫『豊後国東郷と諸富名について』）ことから、富貴寺の所在地は、速見郡本郷に属していた。本郷は、蕗邨（邨）を中心とするエリアで、そこには、国東半島の地方行政を司る蕗守護所（大友守護所）があった。

また、田原郷六〇町は、宇佐宮領であって、大友兵庫入道（頼泰）の女子が地頭を勤めていて、木付城主の木付頼重が代官を勤めていたと推定され、前述した大内山の大内屋敷もこのエリアに含まれていた。

この田原本郷六〇町と速見郡若富名（諸富名と同じと推定）五〇町二反（大友兵庫入道所領）とを合筆された地域が、『豊後国志』に見る田原荘（面積は一一〇町）と推定する。

『豊後国図田帳』は、「若富名」を速見郡に編入していて、西俣見・赤水・石丸・波多方が含まれ、いまも残る地名「カジヤ」「寺山」（横獄・横岳）を含むと推測する。

さて、すでに述べたが、国領国埼郷三〇〇町の地頭は二階堂行政で、孫の河野通末が地頭代官となったが、通末は、豊後、伊予、鎌倉、京都を巡っており、実際に現地の國崎郷で奉公していたのは、その曾孫・四郎左衛門行通（板山波多方河野氏の遠祖）で代官職を帯していたと推測する。『波多方板山河野氏伝承』

さらに、『豊後国図田帳』には、立石村四〇余町豊前九郎入道明真跡彦四郎を見る。

豊前九郎入道明真とは、能直の九男の能基のことで、河野通信の娘婿である（前掲『石野弥栄著書』八九頁）ので、彦四郎は、能基と通信の娘の間の子息と推測する。

豊後河野氏の国東半島に於ける足跡を纏めると次のようになる。

① 胡麻鶴岩八著『豊後立石史談』（一九二三年刊）「三島社縁起」江戸期の正保三年、宝暦元年再建、南北朝期以降立石、大江と称する越智姓河野氏が当地に存在（『志手文書』）し、鎌倉末期には山香郷内立石村地頭職を持ち、大友氏の血を引く河野氏の存在したことはほぼ間違いなかろう。

② 建武四年（一三三七）六月一日付の六郷山本中末寺次第並四至等注文案に、「大折山拂々料田畠山野等四至以下、院主相傳証文爾明白也、当寺領内多分河野四郎押領」

③「曰、津波戸山拂々料田畠山野等四至以下、院主相傳証文爾明白也、当寺領薫重以下拂

門少々河野四郎押領」とあり、宇佐宮管領下の六郷山の末寺報恩寺、同末寺水月寺を河野四郎が押領した。

④　歴応三年（一三四〇）三月一四日、宇佐神宮祠官大神宇貞の所領の豊前国封戸郷日足村新開をめぐる相論につき、その実情調査を命じられた両使の一人に河野四郎通貞という者が見える。

⑤　歴応四年（一三四一）一〇月一九日付、一色範氏書下の、田原貞広の所領、豊後国来縄郡内福成・吉久両名を押領したという河野捨四郎、

⑥　また康永三年一三四四）七月二〇日に田染荘内重安名等宇佐宮領以下の違乱停止命令を大友氏時から受けた河野□亀丸

⑧　康永三年（一三四四）八月二五日付河野通継の施行状案の端書に「大友方代河野孫四郎状糸永知行人」（①〜⑧は前掲『石野弥栄著書』より抜粋する）

⑨　正平六年（一三五一）、田原貞広は豊前守に任じられ勲功の賞として直義派の二階堂行珍の跡の國崎郷地頭職を与えられる。（⑨は『大分県の歴史』一一三頁）

田原貞広が国崎郷の地頭に補任されたことにより、豊後河野氏が国東郷の地頭代官職を失ったが、実はその一〇年以前の、歴応四年（一三四一）一〇月一九日に河野捨四郎による田原貞広の所領の押領あり、この頃から、河野氏と田原氏の確執は始まっていたことになる。

福聚寺の仏壇

このように見てくると、田原氏が国東半島を支配し始めたのは、田原貞広が豊前国国司になり、足利尊氏から国東郷を恩賞として給わった以後と考えられる。

その後、河野通孝（孫四郎と推定）は、大野郡朝海荘（恩賞地）に拠点を移して居住し、天正七年（一五七九）になって、豊後河野氏の本流の末裔河野統通は、再び国東半島へ戻って来たが、傍流の末裔は朝海の地に居残り今も居住している。

統通は、河野通孝の時代から代々相伝して来た、大野郡朝海荘（現大分市大字澤田山峯）の所領に、河野氏の氏神である伊予大三島神社から祭神を勧請《かんじょう》して「三島社」を創建し、また先祖の報恩追孝のため「慈眼山福聚寺」も建立した。

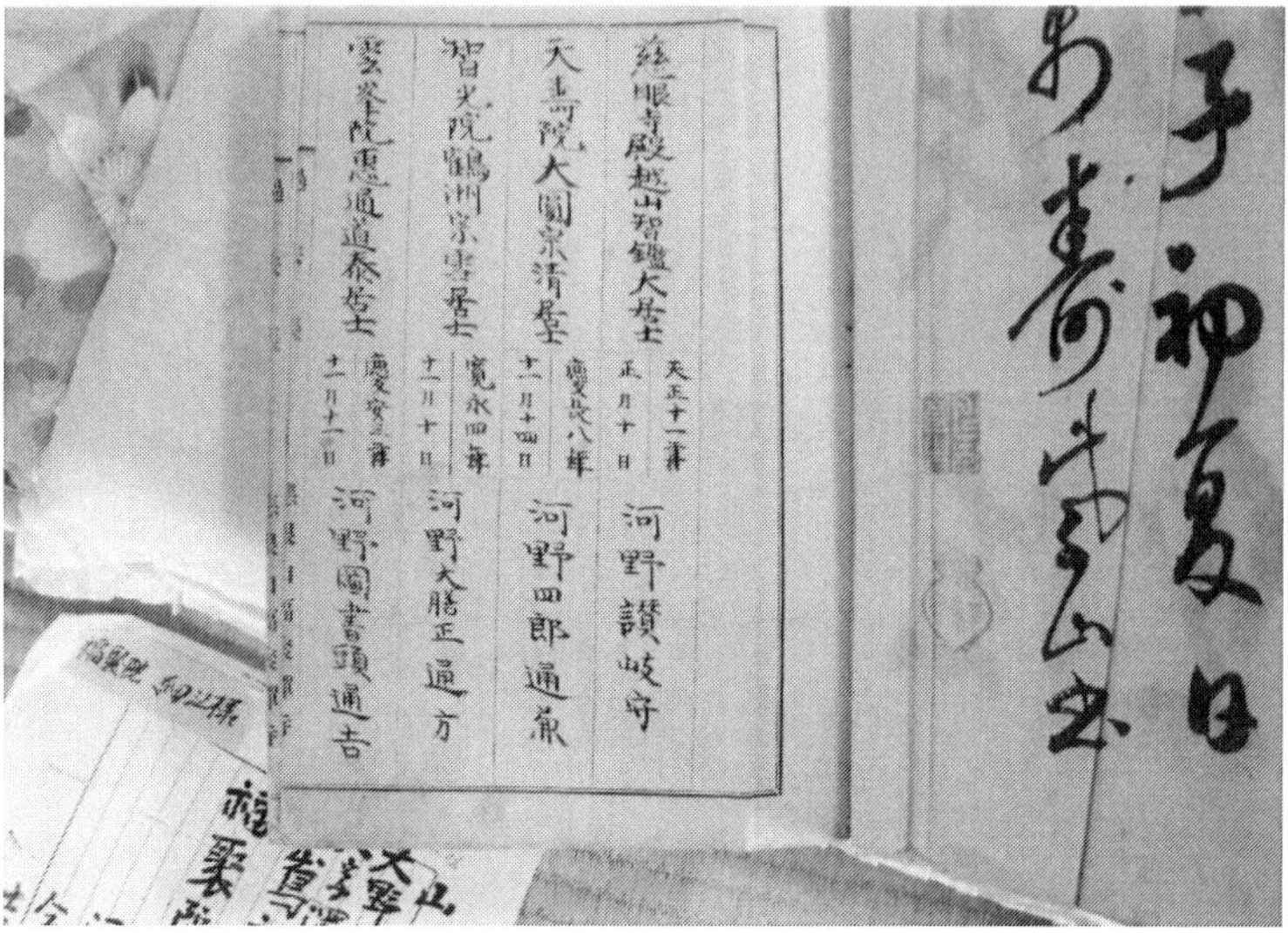

河野讃岐守外４人の同寺過去帳

波多方板山河野氏の現当主河野宣昭は、同家の伝承から、大分市大字澤田山峯にある慈眼山福聚寺と関係があることを突き止め、同寺を訪れて調べたところ、同寺の開祖は河野讃岐守で、戒名は「福聚寺殿越山智鑑大居士神儀」、没年は天正一一年（一五八三）正月一〇日であることが分かった。

早速同家の系図で調べたところ、河野讃岐守は、天正年間（一五七三〜九二年）に活躍した「統通」と比定した。通称は傳兵衛、鑑世入道と呼ばれていた。大友義鑑から諱に「鑑」の一字を給わっているところから、義鑑の信頼が厚い近習の一人であったと推定される。父は鎮通で、大友義鎮（宗麟）の姉か妹を娶っているので、統通と宗麟は甥と伯（叔）父、大友義統とは従兄弟にあたる。また、土佐一条兼定（母は宗麟の姉か妹）とも従兄弟にあたる。統通は官途和泉守を称していたが、出家したとき倅統氏に和泉守を譲って讃岐守入道鑑世と称していた。

【大友と河野、関係図】

大友義鑑
- →義鎮（宗麟）→義統
- →義長（晴英）
- →長女（一条房基妻）→一条兼定（父一条房基）
- →二女 ― 河野鎮通
  - →統通
    - →統氏→通定→通里（朝來半分地）
    - →通兼→通方→通吉（朝海）

河野鎮通と子息統通、孫統氏の三人は、前出の耳川の戦に参戦したが、鎮通は戦死したけれど、統通と統氏は、幸運にも生還し、天正七年正月一一日、大友宗麟から感状を給わった（『史料4』）。

『波多方板山河野伝承』によると、この時、統通は、国崎郡武蔵郷朝來村半分地（弁分村と白木原村）地頭職を恩賞として給わったと伝えられており、前掲、史料4（大友宗麟『大田村誌』）の感状に「子細吉弘左近太夫（鑑理）可申候」とあるは、この恩賞地のことを指すと解される。

国東半島の朝來村半分地に戻った河野氏は、田原氏と婚姻・姻戚関係を結ぶことはなく、静かな確執は大友氏の滅亡の時期まで続いた。

石野弥栄は、大友氏が、このような河野と田原両氏の関係を利用して、河野氏を、田原氏の暴走・叛逆を阻止する橋頭保と位置付けていたと分析する。（前掲『石野弥栄著書』）

三章　白木原河野氏と波多方板山河野氏

統通の子息・河野傳兵衛統氏《むねうじ》は、朝鮮に出兵したが、主君大友義統は秀吉から国除処分をうけ、周防国大名毛利輝元預けとなった。この「大友仕置」の処分によって、豊後国は取り潰しとなり、家臣は主君を失い浪々の身となり、所領は全部没収となった。

傳兵衛統氏の耳川の戦の恩賞地・国崎郡安岐郷朝來村半分地も秀吉に没収された。

嫡男・勘五郎通定は、武蔵郷白木原村の在地武士であったが、所領没収によって、所領外の安岐郷山浦橋上に移住した。

統氏は、大野郡朝海荘の地を離れ、安岐郷山浦の蜜乗院（昭和初期まで存在、その後焼失で廃寺）で、仏門に入り蟄居した。剃髪して法衣を纏い終日、勤行、祈願、写経などの生活を続けていた。

ところが、慶長五年（一六〇〇）夏のある日、一人の虚無僧が蜜乗院の傳兵衛を訪ねて来た。虚無僧は吉弘嘉兵衛であった。二人は寺宇の奥まった部屋で暫く話し込んでいた。

虚無僧が帰った後、傳兵衛は倅の勘五郎（通定）を呼んで話し込んだ。

その時、突如として強風が起こり、大粒の雨が地面を激しく叩き、見る間に黒雲が山嶺を包

河野傳兵衛が蟄居した密乗院跡案内板

み、雷神が光り、大鳴が轟き、大地は揺れた。何やら不吉な兆しである。

翌日、傳兵衛は御仏の許しを得て還俗して俗界に戻り、旧大友家臣、河野傳兵衛和泉守統氏と云う一人の年老いた國崎武士の再来である。

馬に跨った剃髪の武士は、夷谷の洞窟に潜む宇都宮一族、富来、安岐城の旧大友家臣を密かに訪ね、同士らに大友家再興を呼び掛けた。

呼び掛けに応じた、波多方武士六五騎は、建長五年（一六〇〇）九月一〇日、田原荘の大内山城に集合して、東軍細川忠興の代官松井佐渡守・有吉四郎左衛門が守る木付城へ出立した。

朝鮮出兵のときの不始末（敵前逃亡の疑

同院の案内地図板

い）で、大友氏四〇〇年の歴史を閉じた、豊後国旧大名、大友義統は、石垣原の合戦で、大友再興を懸けて戦ったが、武運拙く勝利の女神から見放され、黒田如水に降参して、身柄は徳川氏預かりとなり江戸で生涯を終えた。

最後まで、大友氏の忠臣として、命を懸けて戦った河野傳兵衛は、別府石垣原の荒野で、壮烈な戦死を遂げた。

思えば、建久七年（一一九六）、頼朝の派遣した騎馬武士の一人として、河野和泉守通末が豊後国に入部して以来一〇〇〇年、河野氏の末裔が豊後に土着・発展し、いまでは、大分県は、河野姓の多い都道府県の第二位に位置するまで発展した。

【注記】官途「和泉守」の共通は、両者の

血統の連続性を証明する。

【大友義統の時の国東武士名簿】（『西国東郡誌』所収豊後検地記）

田原親家、田原親茂、吉弘嘉兵衛、奈多左衛門、真玉統寛、古庄長方、高田正孝、富来雅楽助、都甲左衛門、伊美伊賀守、竹田津右衛門、田原親昌、吉広統定、富来右馬助、永松内蔵頭、小原彦右衛門、櫛来佐渡守、田原新九郎、田深新五衛門、如法寺山城守、岐部左近大夫、俣見新六郎、草地伊豆守、竹田津伊豆守、岐部掃部助、吉弘内蔵助、永松若狭守、都甲兵部少輔、吉弘勝衛門、永松勘解由允、藹太郎次郎、河野道置、小田原又右衛門、高田鎮孝、田原進士允、古庄喜右衛門、帯刀伊豆守、岐部山城守、古庄甚左衛門、後藤因幡守、富来権太、富来右作衛門、帯刀民部丞、吉弘与左衛門、須藤石見守、姫島丹後守、藤木傳右衛門、河野平次郎、錦織親種、雄城惟光、小串六郎右衛門、佐藤伊賀守、衛藤新左衛門、對馬四郎、櫛木土佐守、河野勘五郎、曽根崎因幡守、浜田忠左衛門、岩屋掃部助、小田原孫太郎、経清太郎、重藤小四郎

この国東半島の武士の名簿に、三人の河野姓の武士を見る。
伯父河野米造の研究によると、河野勘五郎は、豊後国国崎郡白木原村（杵築市大田白木原）の住人、河野平次郎は、武蔵郷弁分村（国東市安岐朝來）の住人、河野民部少輔道置は、田染

郷山浦村（杵築市山浦）の住人で、河野勘五郎は「通定」のことである。

江戸初期、秀吉に没収された所領の内半分地（白木原村）が通定に返戻されたので、通定は、倅通里を伴って、白木原村に戻って定住し仏門に入った。その傍流は今も同村に住んでいる。

白木原（杵築市大田白木原）に、中世の仏教石造物群が残っている。

まず「白木原石殿」がある。

「基礎、竿《かん》、中台、龕部《がんぶ》（石の塔）、笠がそろう総高二・三mの石殿である。龕部には正面と背面にそれぞれ四体、側面の一つには二体の計一〇体の十王像と、他の側面に一体の尊像が浮き彫りされている。「中略」室町時代の作である。」

また、「白木原集落の中にある観音堂には、階段を上がると右手に石幢《せきどう》（石塔の塔身）、左手に異形国東塔二基、お堂の左手に五輪塔が一五～一六基が散在している。石幢は、竿正面に閻《えん》魔王《まおう》を浮き彫りし、龕部《がんぶ》には正面と背面に三体ずつの六地蔵、側面にはそれぞれ釈迦・阿弥陀・薬師如来の三尊を浮き彫りにするという珍しい石幢である。制作は中世末のものであろう。異形国東塔は二基とも笠の軒口が二重となり、上部には無文の路盤が立ち上がる。その上には宝珠があるが、右側のものには線刻で蓮弁を表現している。基礎にはいずれも返花座がある。」

「観音堂には室町時代の作と推測さる十一面観世音菩薩が祀られているが、もとは胎源山源聖寺と称する寺院があったという。」

次に「堂園五輪塔群」である。

「堂園には小型の五輪塔が一〇基ばかり集められた所がある。やや塚状をしているようであるが、本来どのような場所であったのかは明らかではない。横の小さな谷に面した斜面には地下式土坑と考えられる穴が開いている。地下式土坑は墓地に造られることもあるので、これらの五輪塔群室町時代の墓地であった可能性もある。」

さらに「白木原薬師堂五輪塔」である。

「堂園五輪塔群からさらに南に行くと、白木原薬師堂がある。江戸時代の大乗妙典一字一石塔（塔の下には小さな川原石に法華経を墨書したものが埋められている）の前には、五輪塔の空風輪と火輪、異形国東塔のものかと考えあられる笠が各一基ある。もともと薬師堂のものかわからない。」（以上の「」は『大田村誌、平成二四年版』から引用する）

いずれにしても、これらの石造物の作られた時期が、中世室町期であることから、通定、通里が白木原村に戻り、仏門に帰依した時期と重なるので、これらの遺跡と二人の禅僧との関係が憶測される。ちなみに通定の法名は其山西休禅定門、通里は法名真奥林定□禅定門である。

波多方板山河野氏は、白木原河野氏の分家であるが、林平、シカ夫婦に嫡子が居なかったので、白木原の河野氏の本流で、通里の血縁者である彌太郎（寿助の二男）を養子として迎えて家名を存続させた。

【白木原・波多方板山河野氏系図】

通定→通里→利衛門→初代幸衛門→二代幸衛門→弥衛門→三代幸衛門→寿助→幸平→傳六→孝水

（初代幸衛門）→作衛門→伴七→幾平→林蔵→林平

（寿助）→彌太郎→米造→光信→宣昭

【注記】初代幸右衛門の二男作衛門が板山に分家する（波多方板山河野氏祖）。
寿助の二男彌太郎は林平の養子となる。

夕日に染まる波多方山の峰々を西に遠望しながら、横獄山（現在横岳自然公園）の東側を流れる白木原川を遡ると、やがて東前方に宝蓮寺が見えてくる。その前を西に折れて川を渡ると、八ツ口という小さな集落がある。中世の頃、その八ツ口から両子山（国東半島の中心にあ

八ツ口の入口

る霊山）に通じる修験道があった。「両子山の登山口は八つあり、その一つがこの八ツ口である」と、子供の頃、従兄弟の河野光信から聞いたことがある

　八ツ口は八岐《やまたの》大蛇《おろち》を連想して、なんて怖い名前なのかと思ったことを記憶しているが、女人禁制の高野山に入る口は七つあり、七番目の七口は女人道で、高野山の周囲をぐるりと回って元に戻るそうだ。そうすると、八ツ口は単に八番目の登山口という意味で別に怖い名前でもない。

　八ツ口には、御堂石塔群があり、中世の板碑三基と五輪塔九基が見られる（『大田村誌、平成二四年版』）。そこから山に分け入ると、かなり急な坂道で、一気に登ると息が切れる。尾根の峰に達したと

波多方山登山口

ころが波多方山（三角点標高二八八・五）で、南方に向かえば横獄山（三角点標高三八九・六）、北方に向かえば両子山に達する。

この波多方山の周辺は「板山」と古くから呼ばれている。

『波多方板山河野伝承』によると、波多方山の峯道は修験道で、その道筋のあちらこちらに板碑や木製の塔婆が並んでいた。これが「板山」の地名の由来である。

板碑とは、板状の石に梵字《ぼんじ》を印した供養塔のことで、現在の卒塔婆《そとば》（木板）にあたる。この近辺で良く知られているものは、杵築市大田小野の大内墓地に、総高一八五センチ、幅八五センチ、厚さ一六センチ、額の出四センチ、安山岩の扁平の石板（板

碑）が残っており、その外に一〇〇基ばかりある。（『大田村誌』参照）

波多方山は、横獄山（現横岳自然公園）に連なる山嶺の一つである。『波多方板山河野伝承』によると、大友義鎮と大内義長（晴英）の兄弟が、波多方山の近辺（小野の大内城と推定）に住んでいて、波多方山を馬に乗って駆けまわっていたと伝えられている。それに関連すると思われる波多方の庄屋田原庸平の文書がある。

①「宗麟波多方山の狼藉を停止している」（『田原庸平文書』角川地名大辞典所収）

②「波多方山野の儀、方角の仁等、狼藉深重の由、某聞こえ候、太曲がりのこと候、両人は奉行をなし、いまより法式の儀、堅固に申し付けられ候、自然にこの族をいまだ断てず、注進によって一途に申出すべき候、かりそめにも緩《かん》の儀有るべからざる候、恐々謹言

一二月一六日　　宗麟　　　吉弘弾正忠殿・田原掃部助殿」

【注記】

①は二階崩れの変の直前の文書、②は大友義鎮が宗麟と名乗った後の文書である。

余録

筆者は、本稿を書きながら、ふと浮かんだ句を書き留めていた。その中から追想一〇首を披露させていただきます。

ほととぎす峰々巡る波多方山　※昔の波多方山の情景

カタツムリ板碑登るか梅雨時雨　※昔の板山の情景

仏法僧古道に響く声寂し　※昔の八ツ口の情景

国破れ波多方山に彼岸花　※戦時中波多方山の向かいの山に日本の戦闘機が墜落した。

秋を知る盆栽の実に紅二つ

台風や翻弄される引揚げ船

花見かなトコトン響く杵築城

鉦の音ぞコンチキチンの夏祭り

小雪舞う若宮様の牛馬市

書き終える大寒の朝影ながし

※盆栽の「実」は掛詞、盆栽のように大事に育てられた弟・実を指す。二歳で夭折した河野実、法名玄実孩児

※朝鮮から引揚げた時の情景

※戦後間もないころの城山の情景、トコトンとは当時の歌謡曲トコトン節

※杵築の夏の風物詩天神祭の情景

※昔の杵築の冬の風物詩若宮様の牛馬市の情景

※出稿してほっとした大寒の朝、朝日のつくる長い影に、万感の思いが一度に蘇る。

主な参考、引用文献

一『吾妻鏡』、『平家物語』、『明月記』、『大友能直公御一代記』
一佐藤進一『鎌倉幕府守護制度の研究、筑後の条』
一河野泰彦『宇佐宮荘園の成立過程』
一『豊後国志』
一『予章記』、『予陽河野家譜』、『八幡愚童記』
一『豊後国図田帳』（弘安八年）
一『承久記』
一『大内氏実録』
一『一遍聖絵・遊行日鑑』
一『速見郡史』、『杵築郷土史』、『豊城世譜』
一『編年大友史料正和以前二五三号』
一『大分県史中世編』
一『大分県の歴史』（山川出版社）

一『西国東郡誌』
一『大田村誌』、『大田村誌平成二四年版』
一石野弥栄『中世河野氏権力の形成と発展』
一渡辺澄夫『豊後国大野荘における在地領主制の展開』、『豊後大友氏の下向土着と嫡子
　単独相続制の問題』、『豊後大友氏の出自について』
一後藤重巳『泊寺乱入事件の歴史的背景』
一八木直樹『戦国大名城下町の移転と大名権力』
一芥川龍男『九州における惣領制の変質過程』
一佐藤末喜『狭間直重の地頭職』
一池内宏『元寇の研究』
一佐藤鉄太郎『鎮西探題と姪浜』
一南基鶴『蒙古襲来と鎌倉幕府』
一小泊立矢『「仁安目録」の疑問点」
一『新刊吾妻鏡三〇巻』
一栗田勇『一遍上人旅の思案者』
一釈徹宗『法然親鸞一遍』

一　三浦幸一郎『三浦梅園の生涯』
一　『べっぷ文化財NO四四』
一　『えひめの記憶』
一　その他の文中掲出の文献

●著者略歴

中山吉弘（なかやま　よしひろ）

１９３６年生まれ。幼少時代は大分県杵築市で過ごす。
明治大学法学部卒。弁護士。
２００４年4月藍綬褒章受章。
著書
「前山清一郎と明治維新」（１９７６年出版）
「明治維新と名参謀前山清一郎」（２００２年出版、第6回日本自費出版文化賞入選）
「熱きバトルのはて」（２００５年出版）

史料で読み解く　波多方板山河野氏傳承物語
大友能直と河野和泉守　第二版

二〇二三年十月二十日　第一刷発行
二〇二四年三月十五日　第二刷発行

著　者　　中山　吉弘
発行者　　瀬戸　起彦
発行所　　株式会社 秀英書房
東京都世田谷区宮坂 3-2-10　〒156-0051
電話 03-6826-9901
https//shueishobo.co.jp
装　丁　　タカハシイチエ
印刷・製本　（株）デジタルパブリッシングサービス

ISBN978-4-87957-155-7